図解 実務で迷う
建物表題登記のポイント
― 土地家屋調査士の確認と登記官の判断 ―

共編　前田　幸保（公証人・元名古屋法務局民事行政部長）
　　　奥村　仁　　（前名古屋法務局首席登記官（不動産登記担当））

新日本法規

は し が き

　本書は、建物の表題登記をテーマに、表題登記を申請するために土地家屋調査士が行う確認と申請を受けた登記官による判断のポイントについて解説することを目指した書籍となっています。

　建物の表題登記については、土地家屋調査士として、建物としての該当性や個数、種類、構造、床面積などを適切に確認して申請する必要が、また、登記官においても、それを的確に判断することが求められています。

　ところで、近年の建築技術の発展により、従来とは異なる多種多様な構造や状況にある建物も建築されていることに加え、未完成の建物や傾斜地に建てられた建物、登記記録と現況が異なる建物など、一筋縄ではいかないケースもままあり、建物の表題登記に当たって、何を確認し、どのように判断すべきか迷うことも多々あるのではないかと思われます。

　また、過去の先判例や運用をまとめた解説書は、実務で参考となる有益な指針・資料になりますが、建物の表題登記をテーマにした書籍は、土地をテーマにした書籍と比べると実務で参考になる書籍が乏しいように思われます。

　そこで、本書は、建物の表題登記をテーマに、登記申請において建物の認定から滅失、区分建物に至るまで、判断に迷う事例を幅広く取り上げ、適切な登記申請を行うための判断のポイントを、図や写真、フローチャートなどを豊富に用いて視覚的に分かりやすく解説しています。これは、実務経験豊富な土地家屋調査士と法務局で登記事務に直接携わっている登記官による執筆により、実務で役に立つ実践的な内容になっていることから、登記申請のための確認を行う土地家屋調査士のみならず、申請された登記の判断を行う登記官にも、参考になる一冊となっています。

本書が土地家屋調査士や登記官において広く活用され、建物の表題登記の申請で判断に迷う場面に直面している方々の悩みが解決され、多少なりとも執務のお役に立つところがあれば、幸甚であります。

　最後に、本書の刊行に当たり、執筆を快くお受けいただいた土地家屋調査士及び法務局職員の皆様に、心より感謝申し上げます。

　令和6年12月

　　　　　　　　　　　　　　　　　　　　　　前田　幸保
　　　　　　　　　　　　　　　　　　　　　　奥村　仁

編集・執筆者一覧

＜編集者＞

前田　幸保（公証人・元名古屋法務局民事行政部長）

奥村　仁（前名古屋法務局首席登記官（不動産登記担当））

＜執筆者＞（五十音順）

安部　敏朗（土地家屋調査士）

伊藤　直樹（土地家屋調査士）

角間　隆夫（津地方法務局鈴鹿出張所長・前名古屋法務局総括表示登記専門官）

神谷　文彦（土地家屋調査士）

川北　貴利（土地家屋調査士）

服部　修司（土地家屋調査士）

略　語　表

〈法令等の表記〉

　根拠となる法令等の略記例及び略語は次のとおりです。〔　〕は本文中の略語を示します。

　不動産登記法第44条第1項第1号＝不登44①一
　平成19年4月13日法務省民二第895号＝平19・4・13民二895

不登	不動産登記法	地税	地方税法
不登令	不動産登記令	登税	登録免許税法
不登則	不動産登記規則	都開	都市再開発法
建基	建築基準法	区画整理	土地区画整理法
建基令	建築基準法施行令	〔PFI法〕	民間資金等の活用による公共施設等の整備等の促進に関する法律
区分所有	建物の区分所有等に関する法律		
借地借家	借地借家法	民	民法
租特	租税特別措置法	不登準則	不動産登記事務取扱手続準則

〈判例の表記〉

　根拠となる判例の略記例及び判例出典・雑誌の略称は次のとおりです。

　最高裁判所昭和62年7月9日判決、判例時報1256号15頁
　＝最判昭62・7・9判時1256・15

判時	判例時報
下民	下級裁判所民事裁判例集
登研	登記研究

目　次

第1章　建物の認定等

〔1〕 内装工事が完了していない建物の場合 …………………………3

〔2〕 展示用建物（モデルハウス）の場合 ……………………………8

〔3〕 PFI事業で公共用地等を流用し、一時的に建物として
存在するものの、撤収することが当初から決定している
建物の場合 ……………………………………………………………12

〔4〕 地下街にある建物の場合 …………………………………………16

〔5〕 コンクリートブロック基礎の上に設置されている物置
の場合 …………………………………………………………………19

〔6〕 完全な周壁ではなく上部がメッシュ状の倉庫の場合 …………23

〔7〕 ポリエステル帆布で構成された倉庫の場合 ……………………27

〔8〕 車両の高さ程度の周壁が設けられた自走式立体駐車場
の場合 …………………………………………………………………31

〔9〕 敷地上の商業棟とマンション棟及び立体駐車場棟が連
結して利用されている場合 …………………………………………35

〔10〕 賃貸アパートの敷地内にあるプロパン庫や機械室の
場合 ……………………………………………………………………39

〔11〕 ATM（現金自動預払機）が設置されている建物の
場合 ……………………………………………………………………43

〔12〕 同一敷地内に別所有者の未登記の車庫がある場合 ……………47

第2章　建物の所在地

〔13〕　仮換地の指定がされた土地上に建築された建物の場合……… 53
〔14〕　過去に換地処分が行われた地区内にある建物について、換地処分に伴う所在地番の変更がされていない場合……… 56
〔15〕　地番がない土地を含む、数筆の土地にまたがって建築された建物の場合……………………………………………… 60
〔16〕　1階と2階の一部が底地地番が違う土地にまたがっている建物の場合……………………………………………… 63

第3章　建物の個数

〔17〕　同一敷地内にある父母の旧宅とその子供家族の新居を渡り廊下でつなぐ場合……………………………………… 69
〔18〕　同一敷地内にある同規模の数棟のアパートの場合………… 74
〔19〕　規模の異なる建物で構成された大規模な工場群の場合……… 78
〔20〕　別躯体の居住棟と共用棟からなる賃貸マンションの場合………………………………………………………………… 82

第4章　建物の階数

〔21〕　塔屋（エレベーター巻上機）を有する建物の場合………… 89
〔22〕　建物内の大空間で客席が階段状であるなど、複数層となっている建物の場合………………………………………… 92
〔23〕　傾斜地に建築された建物の場合……………………………… 96
〔24〕　傾斜地に建つ日本旅館の増築をする場合………………… 101
〔25〕　同一フロアに小屋裏収納（スキップフロア）がある建物の場合………………………………………………………… 105

第5章　建物の種類

〔26〕　引渡し時に店舗の内装工事が未施工の建物の場合…………111
〔27〕　居宅の一部に車庫があり、用途が二つ以上ある建物の場合………………………………………………………………115
〔28〕　建築図面上は自動車車庫と表記されているが、現地における利用状況が異なる場合…………………………………118
〔29〕　マンションの敷地に別棟建物として設けられた子育て支援施設の場合……………………………………………122
〔30〕　マンションの入居者が出すゴミを集める建物の場合………127
〔31〕　自動車販売センターの店舗内に事務員が作業を行うスペースがある建物の場合………………………………………130
〔32〕　小学校入学前の0歳から6歳までの子どもの教育と保育を行う施設の場合……………………………………………133
〔33〕　建物に個別に名称をつけている大規模工場の場合…………138

第6章　建物の構造（屋根）

〔34〕　屋根にソーラーパネルを設置している場合…………………145
〔35〕　周壁を覆っている特殊な樹脂シートにより一体施工されている屋根の場合………………………………………………149

第7章　建物の床面積

〔36〕　建物の小屋裏部分には天井がなく、梁のみで形成されている場合…………………………………………………………155
〔37〕　同一フロアに小屋裏収納がある場合…………………………158

〔38〕 ビルの中で高層用エレベーターと低層用エレベーターが設置されている場合……………………………………………162

〔39〕 商業施設内の吹抜けに接するエスカレーターがある場合…………………………………………………………166

〔40〕 躯体工事のみで引き渡された建物の地下にある階層が、将来、店舗として利用される予定である場合……………172

〔41〕 地上に駐輪場の入り口があり、地下最下層にのみ自転車置場がある機械式自転車置場の場合……………………176

第8章　建物の同一性

〔42〕 登記記録と一致しない建物がある場合………………………181

〔43〕 改築工事で屋根と壁は撤去したが、建物の骨材を残して新しく屋根、壁工事を施工した場合………………………186

〔44〕 建物の所有者ではない者が出資して増築した場合…………189

〔45〕 工期が分かれている大規模建物について、未完成であるが利用可能な一部を登記する場合………………………192

〔46〕 表題登記のある建物の附属建物を主たる建物から分割して1個の建物とする場合……………………………………195

〔47〕 表題登記のある区分建物をこれと接続する他の区分建物と合体又は合併する場合……………………………………200

〔48〕 主たる建物を増築して附属建物と合体した場合……………208

〔49〕 区分建物の専有部分同士を合体する場合……………………211

〔50〕 建物を同一敷地内にえい行移転する場合……………………214

〔51〕 建物を一部解体し、敷地外に移築する場合…………………218

第9章　建物の滅失

〔52〕 所在が相違する建物の滅失登記を申請する場合………………223
〔53〕 滅失する建物の所有者が不明の場合………………………………226

第10章　区分建物

〔54〕 建物内部で木製の扉で接続している二世帯住宅の場合………231
〔55〕 壁や扉がない廊下を床面積に算入するか判断する場合………234
〔56〕 工期が分かれる大規模マンションが完成後に複数棟に
　　　なる場合……………………………………………………………237
〔57〕 傾斜地に建築され、床面が地盤面より下にある階層に
　　　エントランスがある場合…………………………………………239
〔58〕 分譲マンションに設置されたトランクルームの場合…………242
〔59〕 コンシェルジュカウンターが設置されている場合……………245

索　引

○事項索引………………………………………………………………255

第 1 章

建物の認定等

第1章　建物の認定等　3

〔1〕　内装工事が完了していない建物の場合

　商業ビルやオフィスビルの一部について内装工事が完了していない建物について、建物の表題登記はできるでしょうか。

POINT

　当該建物が、「スケルトン・インフィル建築方式」により建築されている場合には、内装工事が完了していない建物であっても、種類を「居宅（未内装）」などとする建物として登記することができます。

　また、当該建物が、「スケルトン・インフィル建築方式」により建築されている建物ではない場合には、内装工事が完了していない建物であっても、区分建物については各専有部分が、区分建物ではない建物については建物全体がどのような用途に供されるか判断できるときには、用途に応じた種類の建物として登記することができると考えられます。

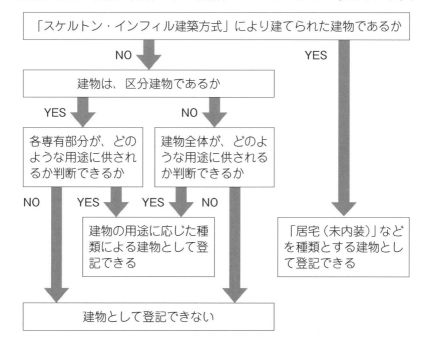

解　説

1　未内装の建物

　不動産登記規則111条は、「建物は、〔中略〕その目的とする用途に供し得る状態であるものでなければならない。」と定めています。

　また、不動産登記規則113条1項は、「建物の種類は、建物の主な用途により」定めるとしていることから、建物は、種類に応じた用途に供し得る状態でなければ登記することができないと考えられます。

　したがって、建物の表題登記をする場合には、柱・梁、床等の建物骨格及び構造部分が完成していることは当然ながら、建物の種類に応じた使用に供することが確認できるだけの内装や間仕切りが施され、用途に応じた建物として使用するために必要な設備が備わっていることも必要となります。

2　スケルトン・インフィル分譲住宅

（1）　スケルトン・インフィル建築方式

　多様な住宅ニーズに応えるため、区分建物の分譲マンションには、建築業者が柱・梁、床等の建物骨格及び構造部分（スケルトン）のみを完成させ、建物の購入者が購入後に内装、間仕切り、電気配線や配管等の設備部分（インフィル）に係る工事を行う「スケルトン・インフィル」といわれる建築工法により建築される建物があります。

　スケルトン・インフィル建築による建物は、所有者や使用方法が変わった際に、躯体に影響を与えることなく建物内部の柱や壁を取り払って建物の使用形態を変更することができる建物であり、配管等の設備のメンテナンスや交換を容易に行えることから、建物を長期間使用することが可能です。

第1章　建物の認定等

（2）　区分建物の表題登記に係る申請情報の添付情報

スケルトン・インフィル分譲住宅については、内部設備や内装が未完成の状態であっても、建物自体の構造、他の住戸部分等の現況や添付書面等によりスケルトン状態の住戸であることが証されているものについては、建物の種類を「居宅（未内装）」として登記することが認められています（平14・10・18民二2474）。

なお、スケルトン・インフィル分譲住宅の区分建物の表題登記に係る申請情報には、インフィルが未完成の状態であっても次のスケルトン状態の住戸であることを証する情報の添付を要するとされています（平14・10・18民二2474）。

① スケルトン状態を含む区分建物の用途の記載がある建築基準法6条の建築確認申請書及び同通知書
② インフィルが完了している住戸についての仮使用承認申請書ではあるが、スケルトン状態の住戸についてもその用途の記載がある建築基準法7条の6の仮使用承認申請書
③ スケルトン状態以外の住戸の部分について、仮使用することを承認した旨の記載がある建築基準法7条の6の仮使用承認通知書
④ スケルトン状態の住戸（専用部分）の記載がある工事完了引渡証明書

3　商業ビル等の中に未内装の部分がある建物

（1）　平成14年10月18日民二2473号等

平成14年10月18日民二2473号法務省民事局第二課長回答及び同日民二2474号依命通知は、区分建物である分譲マンションに係る取扱いを示していますが、近年、商業用ビルやオフィスビルについても内装工事が完了していない状態で、所有者や賃借人に引き渡される事案が増えています。

（2）　未内装の専有部分

　スケルトン・インフィル住宅とは、スケルトン・インフィル建築方式により建てられた建物のことをいい、単に壁紙やクロスが貼られていない建物や床材が敷かれていないだけの場合にはスケルトン・インフィル建物ではなく、スケルトン・インフィル方式により建築された建物であることを証する情報を提供することができないことから、建物として登記することはできないとも考えられます。

　一方、スケルトン・インフィル住宅については、壁紙やクロスなどの内装が施されていないだけではなく、壁、間仕切り、電気配線や配管を含めた内装設備が設置等されていないためどのような用途に供されるのか判断できない建物について、例外的に登記することができる建物として認めて差し支えない取扱いとされていると考えられます。

　したがって、分譲用マンション、商業ビルやオフィスビルの一部の専有部分についてクロスや壁紙などが未内装であったとしても、専有部分を使用するために必要な最低限の設備が設置されていることや、他の専有部分の使用状況に加え、売買契約書などに引渡し後に内装を施すことなどが記載されているなど、当該専有部分が登記される種類に応じた用途に供されることが確認できる場合には、建物として登記することができると考えられます。

（3）　区分建物ではない集合住宅や商業ビル

　区分建物ではない集合住宅や商業ビルに壁紙やクロス貼りなどの内装工事が完了していない部分がある場合であっても、当該建物全体が登記される種類に応じた用途に供されることが確認できるときには、建物として登記することができると考えられます。

4　本事例の場合

（1）　スケルトン・インフィル建築方式による建物の場合

　本事例の建物が、スケルトン・インフィル建築方式により建築されている建物であって、他の専有部分の現況、スケルトン状態の住戸であることが証されている建築基準法6条の建築確認申請書及び同通知書、建築基準法7条の6の仮使用承認申請書又は同通知書若しくは工事完了引渡証明書が、区分建物の表題登記の申請書に添付されていれば、当該専有部分を含めた区分建物の表題登記をすることができると考えられます。

　なお、スケルトン状態の専有部分については、建物の種類を「居宅（未内装）」などとして登記します。

（2）　スケルトン・インフィル建築方式ではない建物の場合

　本事例の建物が、スケルトン・インフィル建築方式ではない建物の場合には、区分建物であれば内装工事が完了していない専有部分がどのような用途に供されるか、また、区分建物ではない建物であれば建物全体がどのような用途に供されるのか判断できるときには、用途に応じた種類により登記することができると考えられます。

〔2〕 展示用建物（モデルハウス）の場合

　展示目的のために建築された展示用建物（モデルハウス）を展示終了後に住宅として購入した場合、登記することは可能でしょうか。

POINT

　展示用建物（モデルハウス）は、建物として登記するために必要な「定着性」の要件を満たさないため、登記することはできませんが、モデルハウスの展示終了後に一般の住宅として売買され、居宅として利用されることとなった場合は建物としての登記要件を満たし、建物の表題登記の対象になります。モデルハウスを移設せずそのまま居住する場合、登記原因の日付となる新築の日は、モデルハウスの完成した日になると考えられます。

第1章　建物の認定等

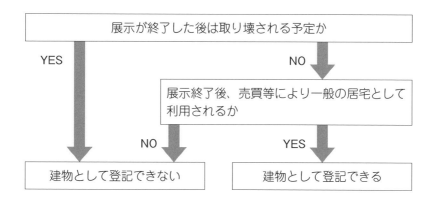

　　　　　解　説

1　登記できる建物の要件

　登記できる建物の要件について、登記実務上は「建物は、屋根及び周壁又はこれらに類するものを有し、土地に定着した建造物であって、その目的とする用途に供し得る状態にあるものでなければならない。」と規定しています（不登則111）。一般的に、登記可能な建物と認定されるためには、最低限、次の要素を満たすことが必要とされています。

① 　定着性（土地に定着したものであること、永続性があること）
② 　用途性（その目的とする用途に供し得る状態にあること）
③ 　外気分断性（屋根及び周壁等の外気を分断するものを有すること）

　このうちの「定着性」については、㋐土地に物理的に固着している要素（固着性）と、㋑永続性があるという要素を要件としています。

　㋐の固着性については、物理的に絶対不動であることまで要求されているものではなく、建造物の構造、利用目的からみて、相当の長期間継続して土地に固定的に付着し、容易に移動し得ないもの、社会通念上永続的にその土地に付着させた状態で使用されるものとされ、㋑の永続性については、堅牢性、耐久性を備えており、特別の事情がな

い限り移動しないものと解されます(表示登記制度実務研究会編『Q&A表示登記実務マニュアル〔加除式〕』第5章第1・6「〇屋上のプレハブ建物は附属建物となるか」(新日本法規出版、2006))。

　また、ケースによっては、上記のほかに不動産として独立して取引の対象となり得るものであること(取引性)が要件となることもあります。

② 展示用建物(モデルハウス)の定着性について

　モデルハウスは、一般的に一定の期間、展示する目的で作られたものであり、展示するという目的が終了すると取り壊すことが予定されているものであることから、土地への定着性(永続性)があるものとは認められないため、建物として登記する要件を欠くことになります。

　ただし、展示終了後に売却され、一般の住宅として利用されることとなった場合には、その時点で建物の定着性(永続性)が満たされることになり、これによって登記能力を具備したものと認められるため、建物の表題登記の対象になります。

　なお、モデルハウスが他に移設されることなく売却され、同一の場所で一般の住宅として利用される場合に、登記原因の日付となる新築の日は売買によって定着性を具備する日とするのか、又はモデルハウスが建築された日をするかについては、モデルハウスが完成した日を新築の日とするのが相当と考えます(中村隆=中込敏久監『新版Q&A表示に関する登記の実務　第4巻』12頁(日本加除出版、2008))。

③ 本事例の場合

　本事例は、モデルハウスが展示終了後に住宅として売却され、売買契約書等から同一の場所で一般の住宅として利用されることが確認で

きる場合は、建物の定着性があると判断し、モデルハウスとして完成した日を建物の新築の日として、建物の表題登記をすることになると考えられます。

> MEMO
>
> ◆モデルハウスを移設、解体、えい行移転の取扱い
> 　モデルハウスを他に移設する場合、解体して改めて建築する場合は、その完成の日が新築年月日となり、また、えい行移転による場合はその日がえい行移転日となると考えられます。

〔3〕 PFI事業で公共用地等を流用し、一時的に建物として存在するものの、撤収することが当初から決定している建物の場合

　民間事業者と地方公共団体が協議し、地方公共団体が所有する公共用地と未登記の大型倉庫を用いて、PFI事業（RO方式）として一定期間（15年程度）利用するリサイクル施設を整備する予定です。期間終了後にリサイクル施設を撤収することが決まっていますが、このリサイクル施設は登記する必要があるでしょうか。

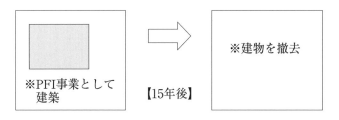

POINT

　PFI事業の一環として建造物が築造される場合、その建築物が存在する期間や建築物の定着性を考慮して、所有者を特定した上で、建物の表題登記をする必要があります（不登則111）。

解　説

1　PFI事業とは

　PFIとは、Private Finance Initiative（プライベート・ファイナンス・イニシアティブ）の略称で、公共施設等の建設、維持管理、運営等に

民間の資金、経営ノウハウを活用することで、効果的な社会資本整備を図る手法です。「民間資金等の活用による公共施設等の整備等の促進に関する法律」（PFI法）が平成11年7月に制定され、PFI事業の枠組みが設けられました。

　近時は、国土交通省がPFIのプロジェクトを進めるに当たり、全国的に公共団体事業へ民間企業の入札参画を進めることによって、期間限定（15年＋α）の建物の存続を前提とした半公共的用途を民間企業が担う事案が広がっています。つまり、建物として登記できる認定ができても、必ず短い期間で、解体、ゼロシーリングが決まっているという点に留意が必要となります。

　なお、PFI事業には、民間事業者が施設を建設し、施設完成直後に公共に所有権を移転し、民間事業者が維持管理及び運営を行うBTO方式、民間事業者が施設を建設し、維持管理及び運営し、事業終了後に公共に施設所有権を移転するBOT方式、民間事業者が施設を建設し、維持管理及び運営をするが、公共への所有権移転は行わないBOO方式、民間事業者が自ら資金を調達し、既存の施設を改修・補修し、管理・運営を行うRO方式があります。

2　登記上の留意点

　住宅展示場のモデルハウスやマンションのモデルルームなどは、一時的なものであることから永続性がないとして、建物としての登記義務は不要とされてきたのですが、PFI事業の場合は、その運用と整合性が取れないものの、定着性と用途性の観点から、PFI事業中の事業者が建築した認定建物は登記すべきものと考えられます。担保に供せられるか否かについては、事業内容によって異なりますが、少なくとも公共用地を敷地とした建物には、借地権という概念（借地借家2一）や定期借地権（借地借家22）のルールが関係することはありません。そ

のため、PFI事業の一環として建造物が築造された場合には、その期間（最低15年程度と考えられます。）や建築物の定着性を考慮した上で所有者を特定し、建物の表題登記の実行について検討することが必要です。

特に、この所有権の特定には注意が必要となります。PFIは、民間資金をもって建築物を作ることが予定されますが、そのプロジェクトの事業方式によって、認定建物の所有権が、誰に、どこに帰属するのかが異なります。例えば、BTO方式では地方公共団体が、BOT方式及びBOO方式、RO方式では民間事業者が施設の所有者となります。所有者の確認については、地方公共団体をはじめ、関係先としっかりとした事前打合せをすることが必要不可欠となります。

3 本事例について

本事例は、地方公共団体の外郭団体である組合が所有する未登記の大型倉庫を用いて、一定期間中（15年程度）、PFI事業（RO方式）としてリサイクル施設を建築するものであり、リサイクル施設の所有者は付合（民242）により組合とするか、あるいは民間事業体の出資状況に応じた持分に応じて建物の表題登記を申請することになると考えられます。

> **MEMO**
>
> ◆PFI事業の参考例
> 　名古屋市では、PFI事業を活用した数多くの既存の公共建物の整備・運営の例があります。その中でも有名なPFI事業として、名古屋港におけるイタリア村（平成17年開業）があり、愛知県と名古屋市が主体の名古屋港管理組合が所有していた港湾に存した倉庫群を改修し、更には多くの建築物を併設し、店舗等を設けました。PFI法は、平成11年に施行

されて以来、全国で展開されていますが、基本的に15年又は20年と、民間企業側の参画の期限が設定されています。イタリア村は3年で倒産したのですが、このような期間限定の建物は、登記上認定してよいものかどうか、当時論点となりました。

　そのほか、令和2年9月にオープンした久屋大通公園のヒサヤオオドオリパークにおいて、Park－PFI事業では、名古屋市の100m道路内の所有地上に35店舗を民間企業が建築しました。この建物は、名古屋市が建物の表題登記をすることを求め、課税対象になる建物として認定されました。

〔4〕 地下街にある建物の場合

　地下街にある店舗や事務所部分のみを1個の独立した建物として登記することはできるでしょうか。

店舗	店舗	店舗	事務所	店舗
通　路					

店舗	店舗	事務所	店舗	事務所

POINT

　地下街は、通路を含めた全体が建物の一部として取り扱われることから、地下街全体を1個の建物又は1個の建物の地下部分として登記することができると考えられます。

　なお、地下街全体が、建物の区分所有等に関する法律に定める建物であり、店舗や事務所部分が、構造上及び効用上独立した部分と判断できる場合には、店舗部分等を1個の専有部分として登記することができると考えられます。

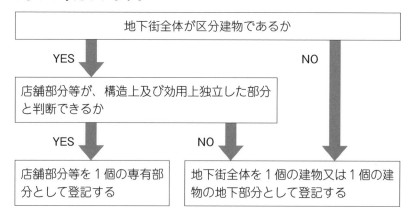

解　説

1　地下街の登記

（1）　地下にある建物

地上にある建物とは別に、地下にある躯体のみにより構成されている建物については、屋根の種類を表示せず「鉄骨造地下1階建」などの構造により登記することができます（昭55・11・18民三6712）。

（2）　地下街にある通路の取扱い

地下街には店舗や事務所のほか、店舗などを往来するための通路が設けられており、地下街によっては通路部分を24時間使用できることが可能となっているものもあります。

このような地下街の通路については、地上からの入口が常時開放されて公共性の高い歩道として利用されていることから、地下歩道であり建物には含むことはできないとも考えられますが、地下街にある通路部分は、建物の一部であり各地下階の床面積に含むものとされています（昭51・12・24民三6472）。

これは、地下にある通路は、常時通行可能であっても通路に面している店舗などの壁や柱によって構成された部分であること、また、地下にある建物の一部であり通路としての機能上から出入口部分が開放されていること、また、地下にある建物内を往来するための機能を有していることから、建物の一部として取り扱うとされているものと考えられます。

2　本事例の場合

本事例は、地下街にある通路について建物の一部として取り扱われることからすれば、地下街については、地下街全体を1個の建物又は

1個の建物の地下部分として登記することから、地下街にある店舗や事務所部分を1個の独立した建物として登記することはできないと考えられます。

　なお、地下にある建物が、建物の区分所有等に関する法律に定める建物であり、店舗や事務所部分が、構造上及び効用上独立した部分と判断できる場合には、店舗部分等を1個の専有部分として登記することができると考えられます。

　おって、地下街を区分建物と登記する場合、通路部分は法定の共用部分であると考えます。

第1章　建物の認定等　　19

〔5〕　コンクリートブロック基礎の上に設置されている物置の場合

　居住する敷地内に、物置を設置したところ、金融機関から「抵当権の対象に含めたいので登記してほしい。」と要請を受けたとの相談を所有者から受けました。この物置は、登記できるのでしょうか。

POINT

　建物認定の主要件は、4項目（定着性、外気分断性、用途性・人貨滞留性、取引性）となります。

　本事例は、上記主要件のうち、「定着性」の有無が判断のポイントとなります。土地への定着性が認められるためには、原則として、一定の土地に永続して固定されていることが必要となり、その判断につい

ては、基礎工事の方法、基礎と本体の固定方法等により確認することになります。

なお、土地への定着性については、必ずしも建物が直接付着していることは要しません。例えば、地上に基脚を有し、又は支柱を施したものなどは、定着性が認められます（不登準則77（2）イ）。

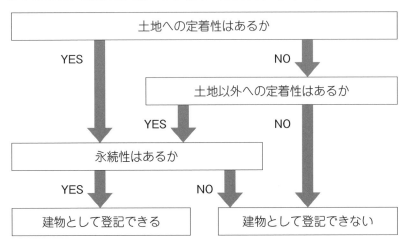

　　　　　　　　解　説

1　建物の定着性

（1）　土地への定着性

民法86条1項において、「土地及びその定着物は、不動産とする。」と規定されています。このことから、不動産登記の対象となる建物については、土地と何らかの方法で固定されていることが必要となります。また、この固定されていることについては、一時的ではなく、永続的であることが求められます。

なお、不動産登記事務取扱手続準則において、建物認定の基準のうち「定着性」の観点から建物として取り扱わない事例として、浮船を

利用したものや容易に運搬することができる切符売場又は入場券売場等が示されています（不登準則77（2）ウ・オ）。

（2）　土地以外への定着性

土地への定着性の要件については、必ずしも土地である必要はありません。不動産登記事務取扱手続準則では、地上に基脚を有し、又は支柱を施したものなどは、定着性が認められています（不登準則77（2）イ）し、人工地盤上、桟橋上、海底地盤上等を介しての固着性が土地への固着性と同様に認められる事例もあります。

（3）　永続性の有無

土地への定着性に加え、その建物自体が永続的に土地に定着して利用されるかどうかの判断も必要となります。例えば、工事現場の仮設事務所や住宅展示場のモデルハウスなど、工事・展示期間終了とともに取壊しが予定されている物は登記要件を欠くものとして取り扱われます。

2　本事例の場合

（1）　基礎工事の有無

建物の定着性を判断するに際しては、基礎工事の有無が判断の一助になります。本事例の物置をはじめ、プロパン庫、トレーラーハウス、列車を再利用した店舗、トランクルームなどについては、基礎工事がされて土地に定着している場合には、定着性があると判断できることが多いと考えられます。

しかしながら、基礎工事の有無が判別しにくい事例の場合には、建築確認図書による構造確認、場合によっては設計者への問合せ等を行うことにより、誤りのない定着性判断をすることが求められます。

（2）　基礎と本体の固定方法

基礎との固定方法についても、確認を要します。例えば、単にコン

クリートブロックに載せたものや丸太等にかすがいやボルトで固定しただけのものは、定着性は認められないと考えられます。一方、コンクリート基礎にボルト固定している場合は定着性ありと判断されるケースがあるものと考えられます。

（3） 本事例の場合

本事例については、建物下部のコンクリートブロックの設置について基礎工事が行われておらず、①土地との固着性が認められないこと、②コンクリートブロックと物置との接続についてもボルト固定がないことから、定着性があるとはいえないと判断することになり、建物として登記することはできないと考えられます。

> **MEMO**
>
> ◆船を利用した建物、大型バスを改造した建物
>
> 　定着性をもって登記可否を判断する事例において、レアケースですが、船を利用した建造物が「建物」として認定された事例があります。海底での固定具合や独航機能がないこと及び用途性をもって判断することになります。
>
> 　また、大型バスを改造して住宅利用（コンクリートの土台に完全に定着）している事例では定着性ありと判断し、「建物」として認定された事例もあります。

第1章　建物の認定等　　　23

〔6〕　完全な周壁ではなく上部がメッシュ状の倉庫の場合

　気化性の高い製品を取り扱うための倉庫を建てています。この倉庫の外周の一部は、通気性を良くするためメッシュ材で施工されています。この場合、完全な外気分断性が認められませんが、建物として登記できるでしょうか。

POINT

　建物として認定されるためには、原則として、壁や屋根により外気と分断されていること（外気分断性）が必要とされていますが、建物の利用状況によっては、周壁によって外気と分断されていない場合であっても、建物と認定することができると考えられます。

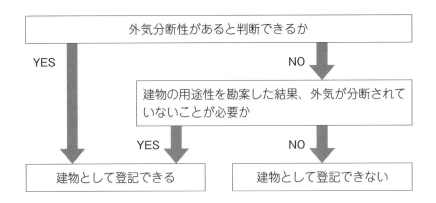

解　説

1　建物の認定基準

（1）　不動産登記規則111条の定め

　登記できる建物は、原則として、外気が自由に出入りしない外気分断性を有していることが要件とされていますが、不動産登記規則111条は、「周壁に類するもの」を有している場合であっても建物として認定できると定めています。

（2）　不動産登記事務取扱手続準則77条の定め

　不動産登記事務取扱手続準則77条は、建物の認定に当たっては、例示した建物から類推し、その「利用状況等を勘案して判定する」とし、「停車場の乗降場又は荷物積卸場の上屋のある部分」や「野球場又は競馬場の屋根のある部分」などの周壁を有しない建造物についても、建物と認定することができると定めています。

2　用途を踏まえた建物の認定

（1）　周　壁

　建物が周壁を有していることを前提として登記事務が処理されてい

　　　　　　第1章　建物の認定等　　　　　　25

ることは、不動産登記規則115条が床面積の算定について壁その他の中心線（区分建物にあっては、壁その他の区画の内側線）で囲まれた部分の水平投影面積によって定めるとしていることからも明らかです。
　（2）　周壁に類するもの（観念的周壁）
　外気分断性は、人が生活する空間を確保するという建物の役割を果たすために必要とされる要件ではあるものの、複雑多様化した建造物に対する取引需要があることを踏まえれば、外気と分断されていることが建物としての絶対的条件とまではいえず、周壁に類するものによって所有権が及ぶ範囲が明確にされる（観念的周壁）ことに意味があると考えられます。
　（3）　用途を踏まえた建物認定
　不動産登記事務取扱手続準則77条により、例示されている建物から類推し、利用状況等を勘案して建物を認定すると定めていることからすれば、建物の用途から外気が分断されていなくとも支障がない建物や、むしろ外気が分断されていない方が用途に適合する建物は、外気と分断する完全な周壁がないものであっても、建物と認定されます。
　（4）　その他周壁を有しない建物の事例
　建物の用途を勘案し外気分断性の要件を柔軟に取り扱うことができる建物としては、以下のものがあります。
①　自走式立体駐車場
　　多数の車両から排出される排気ガスが建物内に籠もらないよう換気する構造となっているため
②　家庭用車庫又は自動二輪車用駐輪場
　　排気ガスを換気するため、周壁の上部又は下部などに隙間等を設けているものがありますが、隙間等の大きさによっては、①と同様排気ガスを換気するためと判断できる場合があります。

③　牛舎、豚舎又は鶏舎などの畜舎
　建物内に牛などの排泄物や飼料などの臭気が溜まらないよう換気する構造とするため
④　ゴルフ練習場
　前方にゴルフボールを打ち放つため、屋根のある部分のみを建物として認定します。

3　本事例の場合

　本事例は、倉庫が気化性の高い製品を取り扱うための建物であることから、外周の上部がメッシュ材により施工されており、外気分断性は認められないものの、建物の用途を踏まえれば、周壁に類するものにより所有権の及ぶ範囲が明らかであり、建物として登記することができると考えられます。

第1章　建物の認定等　　27

〔7〕　ポリエステル帆布で構成された倉庫の場合

　膜構造のポリエステル素材で周壁及び屋根が構成されている倉庫を建築しました。この場合、建物の外気分断性と屋根の構造については、どのように判断すべきでしょうか。

POINT

　軽量鉄骨等の柱や梁で骨格を施工した上で、周壁及び屋根に膜構造のポリエステル素材（塩化ビニール樹脂加工）が用いられている場合において、その素材に耐久性が認められている場合には外気分断性があるものと取り扱って差し支えありません。その場合、屋根の種類は「張力膜屋根」と表記することになると考えられます。

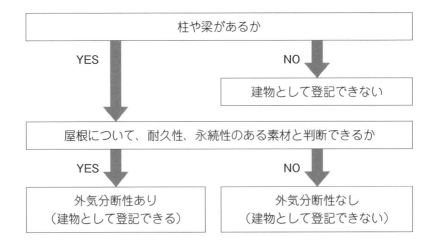

解　説

1 膜構造用膜材料と外気分断性

　建物として登記するためには、原則として外気が自由に出入りしない外気分断性が必要とされています。外気分断性が認められるためには、その建物が屋根及び周壁により覆われており、風雨や外敵の侵入を防止する機能を有している必要があります（不登則111）。

　したがって、屋根や周壁の素材については、耐久性、永続性のある素材でなければなりません。

2 屋根の素材と構造

　建物の構造は、建物の主な部分の構成材料、屋根の種類及び階数により区分して、記録する必要があります（不登則114）。

　屋根については、かわらぶき、スレートぶき、亜鉛メッキ鋼板ぶき、草ぶき、陸屋根、セメントかわらぶき、アルミニューム板ぶき、板ぶ

き、杉皮ぶき、石板ぶき、銅板ぶき、ルーフィングぶき、ビニール板ぶき、合金メッキ鋼板ぶきに分類されています（不登則114二、不登準則81）。これらの中に該当するものがない場合には、類似したものを選定して定めるか、管轄法務局と事前に調整した上でこれに準じて定める必要があります。

3 本事例の場合

　主にポリエステルを素材とし、塩化ビニール樹脂を特殊加工してある建築資材のことを膜構造用膜材料といいます。

　本事例は、屋根や周壁に膜構造のポリエステル素材が利用されており、その素材に耐久性が認められる場合には、外気分断性があると判断して差し支えないと考えられます。

　また、膜構造用膜材料を使用した屋根の種類については、不動産登記規則及び不動産登記事務取扱手続準則に定めはありませんが、「張力膜屋根」と表記することになると考えられます。

MEMO

◆耐久性があると認められる材料の例
　主に、耐久性があると認められる材料は、以下のとおりです。
① 　建築基準法37条2号に関する認定番号MMEM－9035
　　建築材料の品質に関する国土交通大臣認定されたもの。
② 　建築基準法施行令109条の5第1号に関する認定番号UW－9018
　　屋根の防火材料に関する国土交通大臣認定されたもの。
　　　主な屋根材料の商品名：UM－200、ウルトラマックス等
　これらについては、建築確認申請書で確認でき、具体的には第四面の11.屋根、12.外壁、13.軒裏の箇所に上記のような認定番号が付記されていれば、その素材については、耐久性がおおむね認められ、外気分断性

を有する構造であると判断できます。
　なお、建築確認申請書で上記の材料であることが確認できない素材であっても、耐久性、永続性を有するものは存在しますので、どのような場合でも、設計者や施工者等に耐久性等を確認することを要します。

◆東京ドームの屋根
　東京ドームのように、屋根の膜を内側からの空気圧で膨らませている構造の場合は「空気膜構造屋根」となります。

第1章　建物の認定等　31

〔8〕　車両の高さ程度の周壁が設けられた自走式立体駐車場の場合

　店舗に隣接する自走式立体駐車場について、建物の外気分断性と階数はどのように判断すべきでしょうか。

POINT

　自走式立体駐車場の場合、周壁が天井まで施工されていないケースが多く見られます。外気分断性を厳格に判断すると、外気分断性は認められないこととなりますが、このような駐車場の場合は防火及び排気ガス等の排出による換気のため、あえて完全に外気を分断しないような周壁が施工されていることが多く、利用目的を考慮し、柔軟に判断することが求められます。

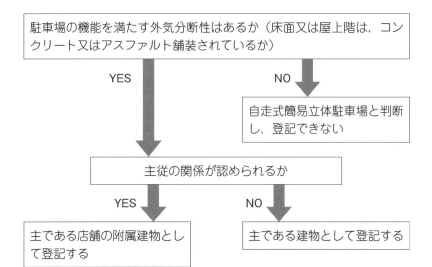

　また、建物の階数については、自走式立体駐車場については、多くの場合、階層を○層○段で表記しますが、この場合の層が建物の階数を、段は駐車できる部分の段数（屋上を含みます。）を表記しますので、一般的には層を階数として取り扱うことになります。

解　説

1　建物の外気分断性と建物認定

　建物として登記するためには、原則として、屋根及び周壁により外気が自由に出入りしない外気分断性を有していることが必要ですが、不動産登記規則では、周壁に類するものを有している場合も建物として認定できると定めています（不登則111）。また、不動産登記事務取扱手続準則では、建物の認定に当たっては、例示した建物から類推し、その「利用状況等を勘案して判定する」とされています（不登準則77）。

　したがって、建物の用途から完全に外気が分断されていなくとも支障がない建物や、むしろ外気が分断されていない方が用途に適合する

建物は、外気と分断する完全な周壁がないものであっても、建物と認定されます。

2　自走式立体駐車場の構造と外気分断性
（1）　自走式立体駐車場の形式
自走式立体駐車場の代表的な形式としては、以下のものがあります。
①　フラット式
　　駐車場と各フロアが連結された形式を指します。特徴としてフロア全体が見渡せるため、階数の把握や、駐車位置の確認することができます。
②　スキップ式
　　駐車場の床を半階ずつずらし、車路（スロープ）で連結した形式を指します。特徴として敷地に高低差がある場合や、狭い敷地などに有効となっています。
③　連続傾床式
　　駐車場の床全体を緩やかな4％以下の勾配により傾斜させ、駐車スペースと車路（スロープ）を兼ねる形式を指します。特徴としてフラット式、スキップ式と比べ駐車効率がよく駐車台数を確保することができます。
（2）　外気分断性の判断のポイント
上記のいずれの形式であっても、駐車場としての機能を勘案した上での外気分断性の判断のポイントとしては、車両の高さ程度の周壁や柵が設けられていることが一つの基準になると考えられます。
　加えて、屋根の有無又は屋根とみなす屋上階の床がコンクリートやアスファルト舗装されているかもポイントとなります。
　なお、基礎及び周壁工事がなされているものの、駐車場の床面又は屋上階がアルミ等素材で施工され、全体に無数の孔が開いている構造

の立体駐車場がありますが、これは設置費用が安価で解体撤去が容易なため、自走式簡易立体駐車場と呼ばれています。こうした仕様の自走式簡易立体駐車場の多くは、外気を分断するための屋根と認めることはできず、建物として認定するのは難しいケースが多いと考えられます。

3 本事例の場合

　本事例は、車両の高さ程度の周壁や柵が設けられており、屋上階の床も舗装されていることから、駐車場としての用途を勘案し外気分断性があると判断できると考えられます。

　また、階数については、2層3段の構造であることから、2階建と表記すべきと考えられます。

> **MEMO**
>
> ◆回転式エレベーターを用いた立体駐車場の取扱い
> 　本事例は、自走式立体駐車場を取り上げました。都市部では回転式エレベーター等を用いた立体駐車場もありますが、この場合の階数は、建物全体を1層として捉えることから、階数は「平家建」として取り扱うことになります。

第1章　建物の認定等　　35

〔9〕 敷地上の商業棟とマンション棟及び立体駐車場棟が連結して利用されている場合

　立体駐車場（自走式）が下図のように利用されている場合、立体駐車場はどのように登記すればよいでしょうか。

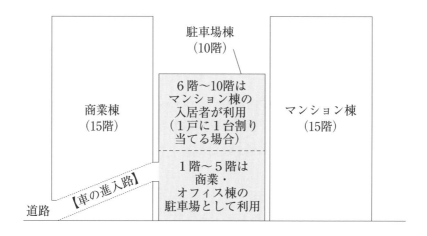

POINT

　立体駐車場については、建物の用途から周壁によって外気と分断されていない場合であっても登記することができる建物もあります。

　また、複数棟の区分建物と同一の敷地内に併設されている立体駐車場については、他の区分建物とは別の1個の建物又は1棟の建物として登記することができると考えられます。

解　説

1　建物の外気分断性と自走式立体駐車場の構造

　建物として登記するためには、屋根及び周壁により外気分断性を有していることが必要ですが、周壁に類するものを有している場合でも建物として認定できるとされており（不登則111）（〔6〕参照）、建物の認定に当たっては、その「利用状況等を勘案して判定する」としています（不登準則77）。

　自走式立体駐車場の場合、効率的な排気ガスの換気等のために周壁が天井まで施工されていないケースが多く見られ、外気分断性を厳格に判断すると、外気分断性は認められないこととなりますが、あえて完全に外気を分断しないような周壁が施工されていることが多く、利用目的や状況を考慮した上で柔軟に判断することになります（〔8〕参照）。

2　区分建物の要件

　区分建物とは、1棟の建物の構造上区分された部分で独立して住居、店舗、事務所又は倉庫その他建物としての用途に供することができるものであって、建物の区分所有等に関する法律2条3項に規定する専有部分であるものとされています（不登2二十二、区分所有1）。1棟の建物が区分建物として認められるためには、①1棟の建物のうちの一部が他の部分から構造上区分されていること（構造上の独立性）と、②その部分のみで独立して住居、店舗、事務所又は倉庫その他の建物としての用途に供することができるものであること（利用上の独立性）の二つの要件を満たすことが必要不可欠となります。

3 本事例の場合

（1） 一般的な考え方

　近年は、複数棟の区分建物と同一の敷地内に併設されている高層の立体駐車場が増加しています。

　このような建物については、立体駐車場を1個の建物として登記して他の区分建物の団地共用部分と登記されているものや、立体駐車場を1棟の区分建物として登記して他の区分建物とともに建物の区分所有等に関する法律65条の団地と登記されているものもあります。

　例えば、商業・オフィスビル及び分譲マンションと同一の敷地内に併設された立体駐車場で、下層階は商業・オフィスビルの利用者が、上層階は分譲マンションの居住者が利用しているような場合は、駐車場を1個の建物として又は1棟の区分建物として登記した上で他の区分建物とともに団地として登記するほか、1棟の区分建物として登記した上で、以下のとおり登記することもできると考えられます。

① 駐車場の利用者が車を通過する各階のループ状の通路部分は法定共用部分として登記する

② 商業・オフィスビルの利用者が駐車する下層階部分は団地共用部分として登記する

③ 分譲マンションの居住者が駐車する上層階について、駐車するスペースが周壁によって区切られている場合には、駐車スペースごとに専有部分として種類を「車庫」として登記する

　なお、分譲マンションの居住者が駐車するスペースが周壁によって区切られている場合には、各駐車スペースの利用者が所有する分譲マンションの専有部分の附属建物として登記することもできると考えられます。

（2） 本事例の場合

　本事例は、一敷地上に商業棟と居住用マンション棟が建築され、両

者が利用する立体駐車場棟が併設されている場合であり、さらに、立体駐車場の上層階と下層階で居住用マンション棟用と商業棟用とにそれぞれ利用者が異なっているケースであることから、上記（1）のとおり、立体駐車場を1個の普通建物とし、別棟の区分所有建物である2棟を団地共用部分とする方法も考えられます。しかしながら、商業棟がこの立体駐車場の下層階を利用し、上層階は居住用マンション棟用であり、分譲マンションの入居者の1戸に1台を割り当てる必要があることから、6階で線引きをして、この駐車場棟を区分登記とすることが考えられます。

　なお、具体的には、立体駐車場の上下するループ状の通路部分（車路）を法定共用部分とし、車両を置くスペースをそれぞれ周壁を有する部分ごとに「車庫」という専有部分として特定し登記することが考えられます（下図参照）。

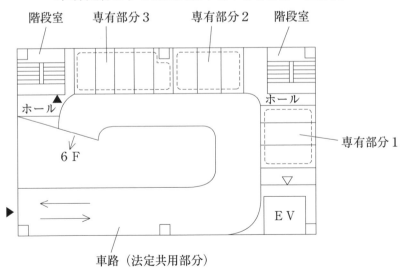

＜区分建物とする自走式駐車場の専有部分の区分例＞

第1章　建物の認定等　　　　　　　　　　　　　　39

〔10〕　賃貸アパートの敷地内にあるプロパン庫や機械室の場合

　賃貸アパートの敷地内に、小規模のプロパンガスタンクやメーター類を設置したプロパン庫と、上下水をそれぞれの水槽等に送水するための機械やメーター類が設置された機械室があります。これらは賃貸アパートの附属建物として登記できるでしょうか。

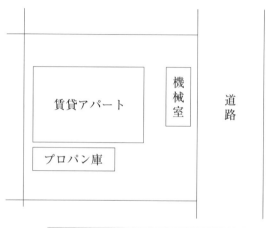

POINT

単に機械類の設置だけで、倉庫、事務所棟の利用目的に供されていない場合は、生活空間としての人貨滞留性が認められないことから、賃貸アパートの附属建物として登記することはできないと考えられます。

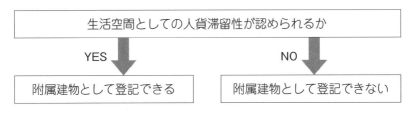

解　説

1　附属建物

（1）　登記できる建物の要件

登記できる建物の要件について、不動産登記規則で「建物は、屋根及び周壁又はこれらに類するものを有し、土地に定着した建造物であって、その目的とする用途に供し得る状態にあるものでなければならない。」と規定しています（不登則111）。一般的に、登記可能な建物と認定されるためには、最低限、次の要素を満たすことが必要とされています。

① 　定着性（土地に定着したものであること、永続性があること）
② 　用途性（その目的とする用途に供し得る状態にあること）
③ 　外気分断性（屋根及び周壁等の外気を分断するものを有すること）

このうち②の用途性とは、人工的に作り出された一定の空間を人間

が社会生活を営むために利用し得る状態にあること（人貨滞留性）が必要になります。例えば、当該建物が人間にとって建物として有意味な空間を持つか、又は人が利用する具体的な用途があるかなどです。

（2） 附属建物の要件

附属建物といえるためには、主である建物との間に、主に次の要件を満たすことが必要とされています。

① 主である建物と附属建物の所有者が同一であること
② 別棟の建物であること（区分建物の場合を除きます。）
③ 効用上の一体性があること
④ 所有者の意思に反しないこと

2 本事例の場合

本事例は、プロパン庫に小規模のプロパンガスタンクやメーター類が設置され、機械室は、上下水をそれぞれの水槽等に送水するための機械やメーター類が設置されている状態にあります。これは内部の機械類を風雨から保護し、あるいは事故防止のために周囲に覆いを設けているだけであり、その内部に人の出入りが可能であるとしても、それは、機械類の整備、点検及び補修に必要な最小限のスペースが確保されているにすぎないため人貨滞留性が認められず、本事例のプロパン庫及び機械室を賃貸アパートの附属建物として登記することはできないと考えられます。

MEMO

◆附属建物として登記した参考例

　老人保健施設の敷地内にあるプロパンガスを保管する建物（15㎡ほど、写真参照）について、プロパンガスを保管するためではあるものの、管理用のスペースや倉庫としての機能も十分にあることから人貨滞留性が認められ、種類を「プロパン庫」とし、老人保健施設の附属建物として登記したケースがあります。

　なお、判断に悩むケースの場合は、申請意思の確認はもちろん、管轄法務局と事前に協議することも必要となります。

〔11〕 ATM（現金自動預払機）が設置されている建物の場合

　銀行がスーパーなどの敷地内に独立した建物として、ATM（現金自動預払機）を設置した場合、その建物を登記することはできるでしょうか。

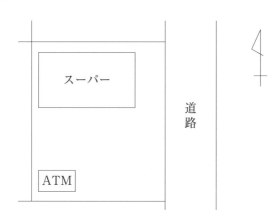

> POINT

　ATMのみを収納保護する目的で建造され独立したATMカプセルは、人貨滞留性がないことから建物として登記できないと考えられます。

　なお、ATMの規模が大きく他の用途性をも併せて備えたものについては、附属建物として登記の対象となる場合も考えられます。

解　説

1　登記できる建物の要件

　登記できる建物の要件について、不動産登記規則は「建物は、屋根及び周壁又はこれらに類するものを有し、土地に定着した建造物であって、その目的とする用途に供し得る状態にあるものでなければならない。」と規定しています（不登則111）。一般的に、登記可能な建物と認定されるためには、最低限、次の要素を満たすことが必要とされています。

① 　定着性（土地に定着したものであること、永続性があること）
② 　用途性（その目的とする用途に供し得る状態にあること）
③ 　外気分断性（屋根及び周壁等の外気を分断するものを有すること）

　以上の要件のほかに、当該建造物について、その規模をはじめ建物として登記する必然性等の諸事情（登記をする目的など）をも必要に応じて判断すべきと考えられます。

2 ATMを設置した建物の場合

　一般的なATMカプセルは、単独に設置され１〜２人が立ち入ることができる程度の小規模なものであり、現金自動預払いをする目的時間のみ滞留して利活用するものです。登記先例では、主である建物としては取り扱うことはできないと判断されています（平19・4・13民二895）。その判断理由として、ATMを収容する建造物は数種類あり、全国に散在していますが、大型のものでもATMが置かれている場所のほかには、1.84㎡の空間（ATMを操作するための空間とメンテナンスルーム）に防犯ビデオ、分電盤、警報装置等があるのみであることから、当該建造物は、事務所、休憩所、物置等としての用途性がなく、単にATMを囲む堅固な覆いにすぎないことを挙げています。

　なお、事案ごとの個別的な実態によりATMが附属建物として登記の対象となることもあります。例えば、ATMが複数台設置してあって、利用者の操作待ちのためのスペースが大きいなどの事情があれば、その利用状況を勘案して附属建物として登記するか否かを判断することになるとされています（「質疑応答5681」登研717号53頁（2007））。

3 本事例の場合

　本事例は、ATMの建物が設置されているのはスーパーの敷地内であり、ATMを収容するためのものであることから、店員は常駐していませんが、ほぼ銀行の窓口と同様の機能を有し、屋根及び周壁を有して警備の点からも構造的に堅固で、一定の土地に永続して固着しており、建物としての定着性及び外気分断性に問題はないと考えられます。

　しかしながら、本事例の建物は、規模も小さく、人貨滞留性も確認

できないことから、建物として登記することはできないと考えられます。

> **MEMO**
>
> ◆附属建物として登記可能なケース
> 　仮に、ATMの建物が金融機関に附属する形で設置されていた場合は、金融機関の効用を高めるために一体として利用されていると考えられ、定着性、用途性、外気分断性に問題がなければ、附属建物としての要件は満たしていることになり、登記できると考えられます。なお、一定の規模と人貨滞留性が確認できたとしても、建物の所有者が異なっている場合は、附属建物にすることはできませんので、留意が必要です。

〔12〕 同一敷地内に別所有者の未登記の車庫がある場合

　B所有の土地上に、B所有の建物（母屋）及び車庫が建っており、母屋は登記されていますが、車庫は未登記の場合において、今般、母屋のみを取り壊し、その跡地にAが建物を新築しました。この度、敷地（B名義）及び敷地内全ての建物に担保権を設定することを銀行から求められたため、新築建物と車庫の登記が必要となりました。この未登記の車庫は、どのように登記すればよいでしょうか。

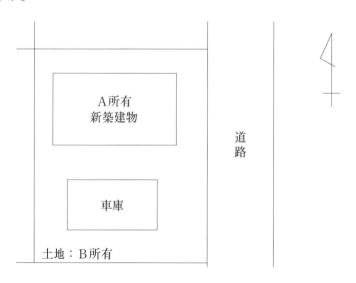

POINT

　主従関係にある建物であっても、所有者が異なると附属建物として登記することはできないと考えられます。まずは、所有者を確認することになりますが、その結果、車庫の所有者がBだった場合は、建物としての独立性が認められれば、車庫単独で建物の表題登記を申請することになると考えられます。

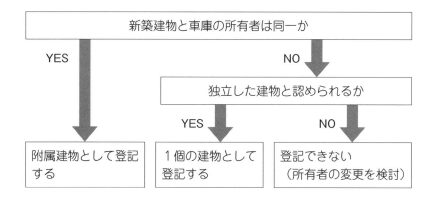

解　説

1　主たる建物と附属建物の所有者

　附属建物とは、表題登記がある建物に附属する建物であって、表題登記がある建物と一体のものとして登記されるものをいいます（不登2二十三）。そして、効用上一体として利用される状態にある数棟の建物については、所有者の意思に反しない限り、1個の建物として取り扱うものとされています（不登準則78）。その区別については、建物の大きさ等の物理的状態、利用方法等の機能的状態及び所有者の意思を総合的に判断することとなります。

　なお、附属建物とする場合には、主とする建物と同一の所有者である必要があります。

　したがって、車庫をどのように登記するかを検討する際には、まず、新築建物と車庫の所有者をそれぞれ確認する必要があります。

2　建物の独立性

　独立した建物として登記するためには、屋根及び周壁又はこれらに類するものを有し（外気分断性）、土地に定着した建造物であって（定

着性)、その目的とする用途に供し得る状態である（用途性）必要があります（不登則111）。

外気分断性については、屋根及び外気を遮断するための周壁等によって外気を分断し、人貨が滞留するための空間が必要とされています。

一般的に車庫として利用する場合は、住宅等に比べるとその必要性は緩和されますが、三方に周壁がある程度には必要になると考えられます。

用途性については、建物の利用目的を確認し、一定の生活空間及び人貨滞留性が認められ、その用途に供し得る状態にあることが必要となります。

したがって、建物の独立性の判断においては、これら外気分断性、定着性、用途性それぞれを検討し、総合的に判断することが求められます。

3　本事例の場合

本事例は、車庫が未登記であることから、まずその所有者を確認する必要があります。

通常、新築建物は、売買契約書や建築確認済証、検査済証などの書類から、所有者を特定することができます。しかし、新築建物ではなく先祖代々居住している家などで起こりがちな未登記の建物の場合には、このような書類がないケースがあります。その場合は、未登記の建物が建てられた経緯を調査し、所有者を判断することとなります。

その調査の方法としては、未登記建物であっても固定資産税を徴収されている場合は、最新年度から過去3年において納税したことを証明する書面などにより所有者を確認することが考えられます。

本事例は、登記記録等からBの土地にBが居住用建物を登記した後に車庫を建てたものの、その際に車庫の登記をしておらず、今回、居

住用建物の滅失登記をし、その跡地にAが新築建物を建てており、車庫の所有者がBであるため、所有者が異なる新築建物の附属建物とすることができないことから、車庫が独立した建物であると認められるには、前記❷のとおり外気分断性、定着性及び用途性を満たす必要があります。

本事例は、車庫は周壁で覆われ、出入口にはシャッターが設置されており、土台はコンクリートで固定され、自動車の保管を目的として利用されているため、独立した用途のある建物と認定できることから、Bを所有者として、建物の表題登記をすることができると考えられます。

なお、本事例のように所有者が異なる場合であって、独立した建物とは認められないケースや申請人が附属建物での登記を望むケースでは、車庫の所有者であるBからAへ所有権を移転した上で、それを証する書面を添付し、A所有建物の附属建物として登記する方法も考えられます。

MEMO

◆浴室や便所の取扱い

　本事例の建物が車庫ではなく、「浴室」や「便所」であった場合、これらの建物は母屋の効用を助ける従属的なものであるため、これらだけで独立した建物として取り扱うことは難しいと考えられます。このような場合は、単独での表題登記ではなく、所有権を移転させて附属建物として登記せざるを得ないものと考えられます。

第 2 章

建物の所在地

〔13〕 仮換地の指定がされた土地上に建築された建物の場合

　土地区画整理法の規定により、仮換地の指定がなされている土地に区画整理事業の換地処分の公告前に建物を新築する予定です。従前地の底地である○市○町○○41番地1、41番地4、43番地1、仮換地○市特定土地区画整理事業土地区画整理○ブロックロット番号4番に指定されているような土地の場合、建物新築による建物の表題登記を申請する際の所在は、どのように記載すればよいでしょうか。

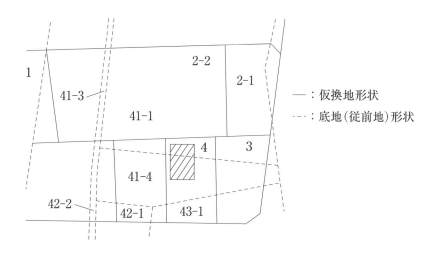

POINT

　土地区画整理事業区域内の仮換地の指定がされた土地上に建築された建物の所在地番については、換地前の底地地番を表示し、かつ、換地の予定地番を括弧書きで併記します。底地が数筆にまたがる場合は、現に建物の存する底地の地番のみを記載すれば足ります（昭43・2・14民事甲170）。

解　説

1　換地処分前の仮換地の指定と建物建築

　対象となる土地が土地区画整理事業区域に指定された場合、土地所有者は当該区域内に所有する土地（以下「従前地」といいます。）の所有権は失いませんが、従前地に対する使用収益の権限はなく、新たに土地区画が整理された区域内の土地、つまり換地が作成され、換地処分がされるまでは土地利用の制限を受けることとなります。そうなると、区域内の土地所有者は換地処分の公告がされるまで、一切の土地利用ができなくなります（区画整理99①・103④）。そのため、換地処分が完了するまで、一定の工事が完了した新たな区画地については仮換地の指定がされ、仮に使用収益ができる土地として建物建築等の利用が認められています。

2　記載上の留意点

　仮換地の指定がされた土地上に建築された建物の場合、所在地番は換地前の底地の地番を記載するとともに、換地の予定地番又はブロック番号を括弧書きで併記する必要があります。従前の地番の表示と換地である旨の記載は不要となります（昭43・2・14民事甲170）。また、建物図面には、①仮換地の形状及び②仮換地の予定地番又は③ブロック番号並びに④建物の位置を実線で表記することになります（昭40・4・10民事甲837）。

3　本事例の場合

　仮換地上に建築された建物については、事業施行者の証明に係る「仮換地底地証明書」を添付し、底地及び換地予定地番を併記することにより建物の所在を特定します。また、仮換地と従前地との重ね図（底地証明図）を活用して建物の底地を特定し、建物所在とします。

　本事例の場合は、建物の所在地番について、換地地番を表示し、か

つ換地の予定地番を括弧書きで併記する必要があることから、「○市○町○○41番地4、41番地1（換地　○市特定土地区画整理○街区予定地番4番）」と記載することになります。

なお、以前は、「○ブロック」と表示していたこともありますが、現在では「○街区」と表示するのが一般的です。

おって、所在の表記方法は、法務局によって異なることも考えられるので、申請前に協議することがよいでしょう。

> **MEMO**
>
> ◆土地区画整理事業における土地の呼び方
> 一般的に、従前から所有している土地を「従前地」、新たに区画された土地の従前土地を「底地」、区画整理が完了した区画を「換地」とそれぞれいいますが、土地区画整理事業では従前地との関係から、従前の土地が1筆で換地が1筆の場合（1対1換地）、従前の土地が数筆で換地が1筆の場合（合併型換地）、従前の土地が1筆で換地が数筆の場合（分割型換地）、そのほか、「飛び換地」「底地換地」など、実務上様々な呼び方があります。
>
> ◆保留地の場合の留意点
> 保留地である場合、従前地は存在しないため、保留地証明書と同時に敷地地番該当証明書を取得する必要があります。これは保留地と底地番を証明するもので、建物の所在にはこの証明書に記載された底地番を記載することになります。
> 〔例〕
> 保留地証明書：○市特定土地区画整理○街区予定地番○番○
> 敷地地番該当証明書：底地番　○市○町○○　○番
> ＜建物所在の表記の一例＞
> ○市○町○○　○番（保留地　○市特定土地区画整理○街区予定地番○番○）

〔14〕 過去に換地処分が行われた地区内にある建物について、換地処分に伴う所在地番の変更がされていない場合

　既登記建物の増築に伴い、床面積の変更の登記を申請することになりました。当該建物の登記記録を確認したところ、当該地区では過去に土地区画整理事業による換地処分が実施されており、所在地番が換地前のままになっていました。この場合、どのような申請が必要になるでしょうか。

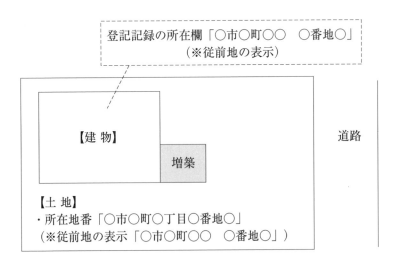

> POINT

　本来、換地処分が行われた地区内にある建物の所在欄は、換地処分の施行者が換地処分の公告後、遅滞なく法務局に変更の登記を申請することとなっており、本事例のようなケースは例外的な状況といえ、申請に当たっては事前に管轄法務局に確認することが必要不可欠です。申請としては、換地処分の公告の日を原因日付とする表題部の所

在地番の変更の登記と、増築に伴う床面積の変更の登記を同一申請することになると考えられます。

解　説

1　換地処分と登記

　土地区画整理事業における換地処分とは、事業における工事の完了後（又は完成時）に、関係権利者に換地計画で定められた事項を通知する行政処分です（区画整理103・86）。通知は各筆換地明細書や各筆各権利別清算金明細書などを用いて行われます（区画整理87①）。

　表示に関する登記は、権利の客体である土地又は建物の物理的な形状、位置等を明確に登記記録によって公示し、取引の安全を図ることを目的としています。このため、建物の表示に関する登記事項に変更があった場合は、表題部所有者又は所有権の登記名義人は、1か月以内にその変更の登記を申請しなければなりません（不登51①）。

　土地区画整理法107条2項では、施行者は、土地区画整理法103条4項の公告があった場合において、施行地区内の土地及び建物について土地区画整理事業の施行により変動があったときは、政令で定めるところにより、遅滞なく、その変動に係る登記を申請し、又は嘱託しなければならないとされています。

　以上のように、本来、換地処分を行う地区内にある建物の所在欄は施行者が公告後、遅滞なく法務局に変更の登記をすることになっています。

2　本事例の場合

　本事例は、現状では何らかの原因により換地処分に伴う所在地番の変更の登記が行われていない状態となっており、同地区内で隣接する

他の建物の登記記録を確認した結果、隣接する他の建物は換地処分の公告が行われた「平成〇年〇月〇日」を原因日付とする所在地番の変更の登記がなされていることから、所在変更の原因日付を換地処分の公告の日（平成〇年〇月〇日）とする建物の所在地番を変更する登記と、増築によって変更となる床面積について表題部の変更の登記を同一申請することになると考えられます。

　なお、申請情報としては、所在欄に現在の登記記録の所在をそのまま記載し、後段に換地処分による変更後の所在地番を記載します。

```
＜記載例＞
所　在　〇市〇町〇〇　〇番地〇
変更後　〇市〇町〇丁目〇番地〇
　　　　原因日付　平成〇年〇月〇日変更
```

　なお、添付情報は特に必要なく、調査報告書に、換地処分による変更登記が何らかの原因で漏れていた旨を記載すれば足りると考えられますが、申請に際しては管轄法務局と事前に調整することが求められます。

> **MEMO**
>
> ◆登記記録の記載例
> 　換地処分により所在地番が変更されている場合、登記記録上は以下のように記録されています。
> 　なお、登記記録上の地番や家屋番号は施行者の申請によって変更されますが、土地建物の登記名義人の住所は変更されませんので、登記名義人は住所変更の登記手続を行う必要があります。この場合、市役所等で発行される町名地番変更証明書等が必要となります。
> 　おって、登録免許税は、非課税となります（登税５五）。

第2章 建物の所在地

表　題　部	（主である建物の表示）	調製	平成8年1月25日	不動産番号	○○○○○○○○○○
所在図番号	余白				
所　　　在	○県○市○町○番地、○番地（換地画整理第○街区予定地番○番）			余白	
	○県○市○町○丁目○番地○			平成24年9月15日変更 平成24年9月18日登記	
家屋番号	○番の○			余白	
	○番○			平成24年9月18日変更	
① 種　類	② 構　造	③ 床 面 積 ㎡		原因及びその日付〔登記の日付〕	
居宅	木造スレート葺2階建	1階　　○○：○○ 2階　　○○：○○		平成6年6月15日新築	
余白	余白	余白		昭和63年法務省令第37号附則第2条第2項の規定により移記 平成8年1月25日	

権　利　部　（甲　区）　（所有権に関する事項）			
順位番号	登　記　の　目　的	受付年月日・受付番号	権　利　者　そ　の　他　の　事　項
1	所有権保存	平成6年6月30日 第○号	順位1番の登記を移記
付記1号	1番登記名義人住所変更	平成25年1月25日 第○号	原因　平成24年9月15日名称地番変更
	余白	余白	昭和63年法務省令第37号附則第2条第2項の規定により移記 平成8年1月25日

〔15〕 地番がない土地を含む、数筆の土地にまたがって建築された建物の場合

5番地2及び3番地1並びに地番のない土地（未登記）にまたがって建築された建物について、所在はどのように記載すればよいでしょうか。

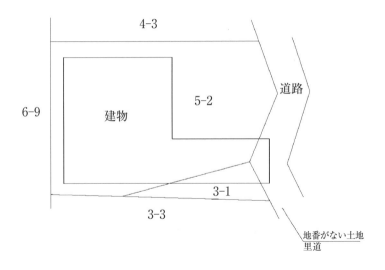

POINT

地番がない土地（未登記）にまたがって建物が建築されている場合は、その建物から最も近い土地の地番を用い、「何番地先」のように記録すると考えられます（不登準則88②～④、昭36・6・6民事三459）。

第2章　建物の所在地

解　説

1　建物の所在の記録方法

　新築した建物又は区分建物以外の表題登記がない建物の所有権を取得した者は、その所有権の取得の日から1か月以内に表題登記を申請しなければなりません（不登47①）。そして、表題登記の申請情報には、その内容として建物の所在の市、区、郡、町、村、字及び土地の地番等を記録することとされています（不登令3ハイ）。また、これらの事項は、当該建物を特定する一つの要素として、1個の建物ごとに登記記録の所在欄に記録することとされています（不登44①一）。

　建物が数筆の土地にまたがって建築された場合における建物の登記記録の所在欄の記録は、建物の床面積の多い部分又は主たる建物の所在する土地の地番を先に記録し、他の土地の地番は後に記録すると規定されています（不登準則88②）。なお、数筆の土地にまたがる建物については、1階部分の床面積の占める割合の多い土地の地番から順次記録するのが相当であるとされています（「質疑応答6251」登研427号98頁（1983））。

2　地番の付されていない土地に建築された場合の記録方法

　しかし、地番の付されていない土地に建築された建物の記録方法については何らの規定がありません。これについて、旧家屋台帳事務取扱要領（昭29・6・30民事甲1321）第8は、「家屋の敷地に地番がないときは、例えば「何番地先」のように、適当に表示するものとする」とされていました。実務の取扱いにおいても、里道又は水路にまたがって建築された建物の所在地番を記録するには、当該建物に最も近い土地の地番を用いて記録するとされています（不登準則88④、昭36・6・6民事三459、「質疑応答6585」登研451号124頁（1985））。

3 本事例の場合

　本事例は、建物の登記記録の所在欄には、その建物の所在する全ての土地の地番を記録することになるため、「5番地2、3番地1」と未登記土地（里道）を記録することになります。

　したがって、建物の床面積の占める割合の多い土地の地番を先に記録することになることから、「5番地2」の土地であれば、「5番地2、3番地1、5番地2先」のように記録すると考えられます（不登準則88②～④、昭36・6・6民事三459）。

第2章　建物の所在地　　　63

〔16〕　1階と2階の一部が底地地番が違う土地にまたがっている建物の場合

　1階部分と2階の一部が、異なる地番に建築された建物について、どのように登記すればよいでしょうか。

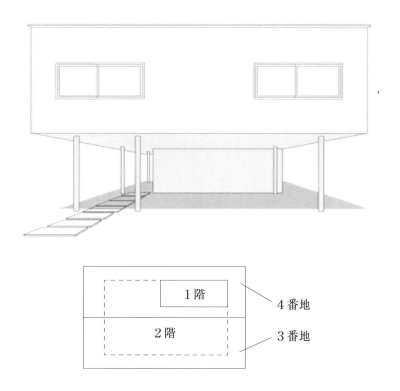

POINT

　2階部分が1階とは異なる地番の土地にまたがっている場合は、2階部分の土地についても所在地番として記録する必要があります。

また、1階部分が2筆以上の土地にまたがる建物の所在事項を記録する場合には、その床面積の部分が多く所在する土地の地番又は主たる建物の所在する土地の地番を先に記録し、他の土地の地番は後に記録します（不登準則88②）。なお、建物図面は、建物の敷地並びにその1階の位置及び形状が明確にされている必要があります（不登則82）。

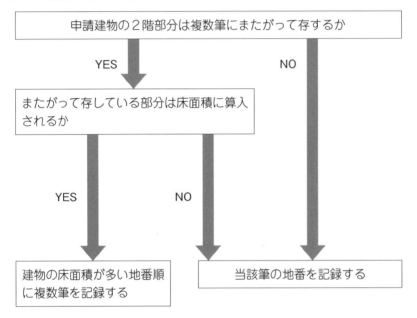

解　説

1 建物の所在の記録

（1）　地番の表記

　建物図面は、建物の敷地及びその1階の位置及び形状を明確にするものでなければならないとされており、建物の所在は原則、1階部分の存する地番を記載することとなります（不登則82）。

第2章　建物の所在地

（2）　2筆以上の土地にまたがる建物の所在地

2筆以上の土地にまたがる建物の不動産所在事項については、床面積の多い部分を先に記載した上で、他の土地の地番を後に記録するものとされています（不登準則88②）。具体的には、「1番地、2番地、3番地」のように記録し、「1、2、3番地」のように略記してはなりませんが、連続する地番がある場合には、その連続する地番を、例えば、「1番地ないし3番地」のように略記することは差し支えありません（不登準則88③）。また、附属建物が地番の異なる土地にある場合については、主たる建物の所在地を先に記録し、その後に附属建物の所在地を記録します。

さらに、建物の所在地の記録に際しては、都道府県の記載は要しませんが、建物が二つ以上の都道府県にまたがっている場合は、その都道府県名を冠記する必要があります（不登準則88①）。

なお、屋根やバルコニーなど、床面積に算入しない部分が他の地番の土地にまたがっている場合については、その地番を記録する必要はありません。

2　本事例の場合

本事例は、2階部分は居住スペースであり、床面積に算入される構造であったため、2筆の土地それぞれを所在地として記録する必要があります。

したがって、建物の所在事項の記録方法としては、1階部分が存する4番地を筆頭に「○市○町○丁目4番地、3番地」のように記載すると考えられます。

> **MEMO**
>
> ◆区分建物の所在する法定敷地の場合
> 　本事例は、普通建物の事例でしたが、区分建物の所在する法定敷地については、建物の接地部分及び建物が突出する部分（ベランダ等の床面積不算入箇所を含みます。）にある土地の所在、地番を表記する必要があります。区分建物は、敷地利用権の及ぶ範囲を明確にしなければならず、1筆の土地の一部に建物が存する場合も建物が所在する土地（法定敷地）と取り扱うためです（区分所有2⑤、昭58・11・10民三6400）。

第 3 章

建物の個数

〔17〕 同一敷地内にある父母の旧宅とその子供家族の新居を渡り廊下でつなぐ場合

　現在、父母が居住している旧宅に隣接して、同一敷地内に新たな建物を建築し、その子供家族の新居とすることにしました。新居の新築に当たっては、下図のとおり、三方を壁、天井を備えた渡り廊下で旧宅と新居を接続し、倉庫を設置する予定です。この場合、どのように登記すべきでしょうか。

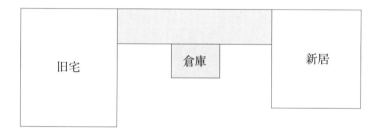

POINT

　それぞれを独立した建物か、あるいは1個の建物として登記することが考えられます。その場合、渡り廊下や倉庫については、構造上や用途上の観点から、新旧いずれの建物に属するのかを検討することになると考えられます。

第3章　建物の個数

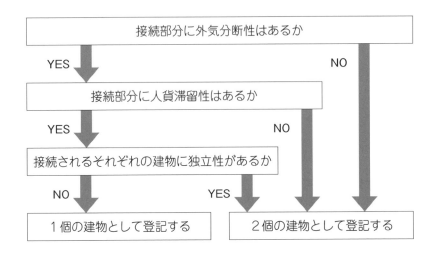

解　説

1　建物の個数の判断

　不動産登記法では、原則として建物は1個ごととされています（不登2五）。建物は、土地とは異なり人工的に築造されるものであることから、通常、物理的に1個の建物と判断することは容易ですが、建物の構造や形態が多様化する中、一見しただけでは1個の建物なのか複数の建物であるのか、容易に判別し難い建物も見られます。

　本事例のように、複数の建物が物理的に渡り廊下等で接続されている建物が1個であるか否かについては、次のように検討する必要があります。

① 　二つの建物を結ぶ接続部分に外気分断性があるか

　　二つの建物を1個の建物とみなすためには、二つの建物を結ぶ接続部分が建物性を有している必要があります。建物性を有しているか否かの判断に際しては、外気分断性の有無を確認する必要があります。例えば、渡り廊下で接続されている場合において、その渡り廊下が屋根だけで吹き抜けの構造である場合には外気分断性がないことから建物性を有しているとはいえません。

② 接続部分に人貨滞留性が認められるか

　二つの建物を接続している部分に二つの建物と同様に生活空間、すなわちその建物の用途に合った人貨滞留性が認められる場合には、1個の建物とみなすことができます。

　なお、二つの建物を接続する部分が、単に通行のためだけに利用されている場合などは、積極的に1個の建物と解することは難しいと考えられます。

③ 接続されるそれぞれの建物に独立性があるか

　接続されるそれぞれの建物のいずれか一方に建物の独立性がない場合には、全体を1個の建物としてみなすことになります。建物の独立性がない場合とは、例えば、どちらかの建物に出入口がない場合や一方の建物が浴室や便所、物置などの場合が考えられます。

　なお、所有者の意向も踏まえて、建物の構造、利用状況等により判断することになりますが、所有者の意向の確認に際しては、相続税法上の小規模宅地等の特例について考慮することが望まれるケースもあり得えます（MEMO参照）。

2　本事例の場合

　本事例は、接続部分が吹き抜け等ではなく、三方に壁又は天井が設置されていることから外気分断性が認められます。また、倉庫が設置されており、人貨滞留性も認められることから、1個の建物と判断することが考えられます。

　なお、倉庫が新居だけのためのものであるといった場合には、2個の建物として、渡り廊下部分及び倉庫部分が新居の床面積となることも検討することになると考えられます。

> **MEMO**

◆小規模宅地等の特例

　相続税における小規模宅地等についての相続税の課税価格の計算の特例（以下「小規模宅地等の特例」といいます。）とは、被相続人が居住用としていた自宅の敷地について、現行330㎡（99.825坪）までについては、相続税の課税価格に算入すべき価額の80％の評価減が受けられる制度のことをいいます（租特69の4）。この制度を利用することにより、同居していた相続人が承継する場合には、節税が可能となります。平成27年に相続税法の重課改正が行われており、その際に、小規模宅地等の特例については、居住用の敷地については330㎡までとされており、同制度への関心が一層高まりました。

　なお、同特例は、2戸の区分建物登記にて、親と子が同一の1棟の住戸に共生している場合には援用できず、また、新築時に2世帯同居する親と子が1階を父名義、2階を息子名義として、内部で扉を隔てて出入りができる構造であっても、区分登記してある場合には、同特例の適用はありません。したがって、この特例が受けられるよう、区分建物を1個の普通建物とする場合、父と息子のそれぞれの持分を交換登記にて共有とし、その後、区分建物表題登記を行って普通建物として登記し直す事例もあります。

　なお、このように共有となる場合には、元の建物の評価と増築等工事の資金により持分の算定が必要となります。持分の算定については、市町村の税務課税標準額と、工事費用明細等が参考になります。

　小規模宅地等の特例の適用については、母屋とその離れとして、2個の建物がそれぞれ存在し、被相続人が母屋に、そして離れの新居に相続人息子が住んでいた場合には適用されません。しかし、本事例のように、母屋と離れが屋根、壁、床を施工した渡り廊下で接続されており、その構造等から1個の建物と認められるものであれば、同特例が適用されます。1個の建物として認められる場合、母屋（旧宅）と離れ（新居）が同一である場合と、所有者や持分が異なっている場合では対応が違いま

す。異なる所有者や持分割合の場合は、元の2個の建物の評価と接続工事費用を確認し、その評価及び資金拠出割合によって持分を判断する必要があります。

◆小規模住宅用地
　類似の用語として、固定資産税、都市計画税の土地について、小規模住宅用地というものがありますが、これは、1住戸当たり200㎡の敷地分まで、固定資産税が6分の1、都市計画税は3分の1に減額されるものです（地税349の3の2②・702の3②）。
　一般住宅用地の場合は固定資産税が3分の1、都市計画税は3分の2となる特例措置があり（地税349の3の2①・702の3①）、ある意味、これが空家住宅を入居者がいなくとも解体せずに放置する大きな社会問題の要因となっているとの批判もありますが、いずれも居住用家屋が建っていれば減額となっています。アパートであれば4戸×200㎡で800㎡の底地が6分の1減額となり、入居者がいなくても適用される仕組みです。

〔18〕 同一敷地内にある同規模の数棟のアパートの場合

　下図のとおり、同一敷地内に同一規模の2棟の共同住宅を建築する予定です（建物の所有者は同一です。）。どちらか任意の1棟を附属建物として表題登記することはできるのでしょうか。

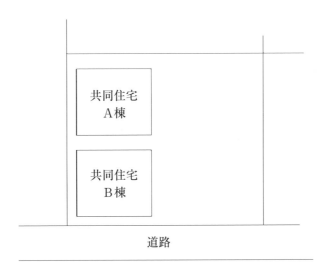

POINT

　単に利用目的を同じくするだけで、相互に効用を高める関係にないと確認される数棟の建物の場合は、主たる建物と附属建物における効用上の一体性があるとはいえず、任意の1棟を附属建物として表題登記することはできないと考えられます（昭52・10・5民三5113）。

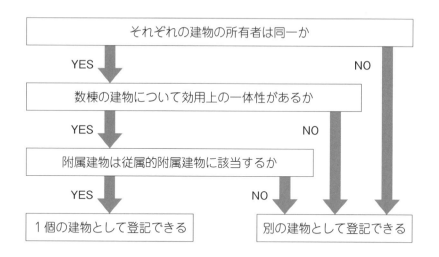

解　説

1　同一の敷地内における数棟の建物と個数の問題

　同一敷地内において建物が数棟ある場合、この数棟のいかなる範囲を1個の建物として取り扱うかという点について、不動産登記法には明文化されていません。土地の場合と異なり、建物は物理的に区分された人工物であることから、事実上の1棟を基準として、その個数を決定するのが原則であると考えられています（後藤浩平『先例から読み解く！建物の表示に関する登記の実務』81頁（日本加除出版、2018））。

　しかし、現実に建築される建物には、その利用上及び取引上、必ずしも物理的な1棟のみが個数の基準とされない場合もあり得ます。そのため、物理的に別棟となっている数棟の建物の表題登記の際、建物の個数をどのように取り扱うのかについて問題となります。

2　附属建物の定義

　附属建物とは、表題登記がある建物に附属する建物であって、当該表題登記がある建物と一体のものとして1個の建物として登記されるものをいいます（不登2二十三）。つまり、主である建物を利用上助け、その効用を補うため建築された別棟の建物で、客観的に一体として利用される状態が認められる場合は、所有者の意思を考慮して、全体を1個の建物として、主である建物と同一の登記記録に記録されます（不登2五、不登準則78①）。

　附属建物の登記に当たっては、その所在する市、区、郡、町、村、字及び土地の地番（区分建物である附属建物にあっては、当該附属建物が属する1棟の建物の所在する市、区、郡、町、村、字及び土地の地番）並びに種類、構造及び床面積を登記することとされています（不登44①五）。

3　効用上の一体性と建物の個数

　上記2のとおり、登記実務上、効用上一体として利用される状態にある数棟の建物は、所有者の意思に反しない限り、1個の建物として取り扱うものとされています（不登準則78①）。この場合において、建物の個数の決定については所有者の意思が重要な要素を占めることになりますが、この規定の趣旨は、いかなる場合においても所有者の意思によって建物の個数が決定されるというものではなく、所有者の意思に反しないとはいっても、その前提として、該当する数棟の建物について「効用上の一体性」が客観的に認められるかどうかが重要となります。

　具体例として、母屋とは別棟の便所や物置などは、効用上、母屋の一部と同様であり、母屋の効用を助けるためにのみ存在する従属的附属建物とみられます。そのため、所有者の意思が働く余地はなく、独

立して取引されることもないため、それぞれを主たる1個の建物として登記することはできないと考えられます。

　これに対し、母屋に対する離れ家や工場に対する従業員の宿舎等のような場合に、これらの建物相互間に主従の関係が存在するか否かが明確ではなく、かつ、各建物の独立性が存するものについては、それらが一体的に利用されることにより、全体として効用を高めていると確認されるときには、個数の決定を所有者の意思も考慮するものになると考えられます。

4　本事例の場合

　本事例は、敷地内に建築される2棟の建物は、同一の所有者による共同住宅であり、連絡通路などによる建物同士の接続もないため、それぞれが独立してその効用を果たしていることが確認でき、建物としての効用上の一体性は客観的に認められないことから、一方を主である建物、他方を附属建物として表題登記をすることはできないと考えられます（昭52・10・5民三5113）。

[19] 規模の異なる建物で構成された大規模な工場群の場合

　3,000㎡の事務所、31,000㎡の製品工場、1,000㎡の製品倉庫、その他30〜60㎡の物置等からなる大規模工場群において、事務所がこの法人の拠点となる営業所を兼ねていることから、工場等の施設を一括管理しています。申請者は、事務所を主である建物とし、その他の建物は附属建物として登記することを希望していますが可能でしょうか。

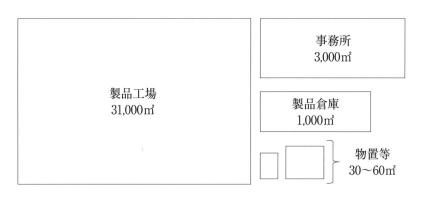

POINT

　数棟の建物が、一体として利用される状態にある場合には、申請人の意思に反しない限り、1個の建物として取り扱うことになると考えられます。

第3章　建物の個数　　79

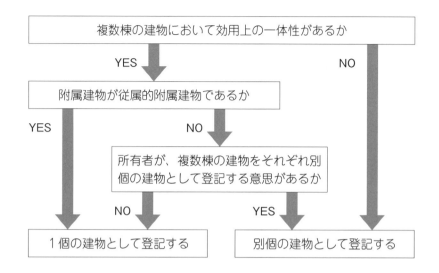

解　説

1　附属建物

（1）　不動産登記事務取扱手続準則78条1項の定め

不動産登記事務取扱手続準則78条1項は、「効用上一体として利用される状態にある数棟の建物は、所有者の意思に反しない限り、1個の建物として取り扱うものとする」としています。

これは、物理的に独立した数棟の建物が一体となって利用され、相互に建物としての効用を高めている状況にある場合には、これらの建物は一体となって取引されることから、登記上も1個の建物として取り扱うことが合理的であるからです。

（2）　従属的附属建物

母屋の敷地内にある便所、物置や浴室などは、別棟であっても単独での建物としての効用を果たしているものではなく、母屋があることを前提として、その効用を助けるためのみに存在しており、このよう

な附属建物を「従属的附属建物」といいます。

　従属的附属建物は、独立して取引されることはないため、主たる建物として登記することは困難なことから、主たる建物が滅失した場合には、従属的附属建物は存続していても、建物全体としては滅失したものとして取り扱われるのが一般的です。

（3）　その他の類型の附属建物

　「従属的附属建物」以外にも本事例のように、別個の建物として登記することができる建物を附属建物として登記する場合があります。

　ただし、所有者の意思のみにより複数棟の建物を1個の建物として取り扱うことができるわけではなく「効用上一体として利用されている状態」にあることが必要不可欠となります。

2　効用上の一体性

　主たる建物と附属建物における効用上の一体性は、民法87条の主物と従物との関係より広い意味であり、複数棟の建物が一体利用される方が、別に利用される場合よりも建物相互の効用が高まる結果となる状態にあれば足りるとされています。

　したがって、数棟の建物が、単に利用目的を同じくするだけで、相互に効用を高める関係にないときは、これらの建物を1個の建物として登記することができないとされています（昭52・10・5民三5113）。

（1）　位置的関係

　効用上の一体性の有無を判断する場合は、主たる建物と附属建物との位置関係は絶対的な基準ではありませんが、立地条件が一つの要素となります。

　すなわち、主たる建物と同一敷地内にない建物であっても、建物相互の効用が高まる利用状況にあれば附属建物とすることができますが、建物間の立地条件によっては、効用上の一体性を欠くと判断され

る場合もあります。

例えば、中央分離帯のある道路を挟んで立地している建物については、建物相互の往来が容易ではないとして効用上の一体性に欠けると判断される場合などが考えられます。

（2） 所有者の意思

効用上一体となって利用されている数棟の建物は、不動産登記においては1個の建物として取り扱われます。ただし、所有者が別個の建物として登記する意思がある場合には、従属的附属建物を除きそれぞれを主たる建物として登記することもできます。また、主従の関係が明確でない複数棟の建物は、所有者の意思を基準として主従関係を判断することになります。

3　本事例の場合

本事例の各建物は、製品を生産する工場、原材料又は製品を保管する倉庫及び製品販売の営業拠点である事務所であり、当該法人が製品を製造及び販売するために一体となって利用されている状況にあることから、原則として、1個の建物として登記することができると考えられます。

なお、所有者が各建物を別個の建物として登記することを希望する場合には、工場、事務所、倉庫は、それぞれ別個の建物として登記することができますが、物置が従属的附属建物であると判断されれば、1個の建物として登記することはできず、用途に従って工場又は事務所の附属建物として登記することができると考えられます。

また、当該法人の営業拠点である事務所が、工場等を一括管理する機能を有しており、事務所とその他の建物の間に主従関係が認められることから、事務所を主たる建物として登記することが考えられます。

〔20〕 別躯体の居住棟と共用棟からなる賃貸マンションの場合

　住戸部分がA棟～E棟、共用棟（エントランス、集合郵便受け、管理室、集会所等）からなる大規模マンションがあります。躯体はそれぞれ別ですが、住人は共用棟を通り各住戸に入る導線となっており、各棟は各階で外気分断性のない渡り廊下でつながっています。
　なお、建築確認申請は一つの建物として申請されており、A棟～E棟にはそれぞれのエントランスや集合郵便受け等は存在しません。この場合は、何棟の建物として判断すればよいのでしょうか。

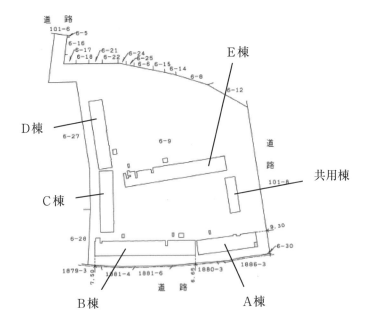

第3章　建物の個数　　　　　　　　　　　83

POINT

　連絡通路により接続されている躯体が別である複数の建物は、連絡通路に外気分断性や用途性が認められない場合であっても、それぞれの建物に独立性が認められないときには、1棟の建物と認定することができると考えられます。

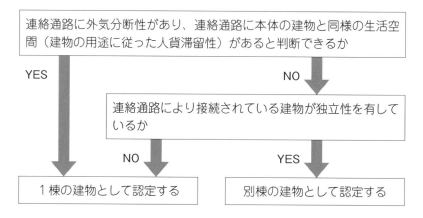

解　説

1 連絡通路が建物の一部として認められる状況
（1）外気分断性
　不動産登記では、建物の利用上、必要と認められる場合に限って、外気分断性に欠ける建造物を建物と認定することができます。
　渡り廊下などの連絡通路は、利用する上で、外気と分断していないことが必要ではありませんが、建物又は建物の一部として認定する場合には、外気分断性が要件となります。
（2）人貨滞留性
　渡り廊下などにより相互に接続されている建物は、接続部分に本体の建物と同様の生活空間（建物の用途に従った人貨滞留性）が認めら

れれば、全体として1棟の建物として認めることができます。

　例えば、二つの建物が店舗として利用されている場合、接続部分も店舗としての利用実態があれば二つの建物を1棟の建物として認めることが可能です。

　一方、接続部分が単なる通路として利用されている場合には、通路部分は生活空間として認めることができないため、二つの建物を1棟の建物として認めることはできません。

（3）独立性

　連絡通路が外気分断性及び用途性を有しない場合であっても、接続されている二つの建物のいずれか一方の建物が、連絡通路を利用して他方の建物内を通過しなければ、外部へ出ることができないなど、一方の建物が生活空間としての独立性を有しない場合には、全体を1棟の建物として認定することになります。

2 独立性の判断について

　躯体が別である二つの建物は、一方の建物を附属建物と判断する事例が多いものの、独立性を有しないとして1棟の建物として登記できる事例には、以下の建物があります。

（1）エレベーター室及び階段室

　居住棟とは別にエレベーター室及び階段室だけで構成された棟があり、エレベーターなどから各室までの通路部分には1m程度のいわゆる腰壁があるだけで、通路部分が外気分断性に欠けている共同住宅があります。

　このような建物については、通路部分は外気分断性に欠けるため床面積には算入されませんが、エレベーターや階段を利用しない限り、2階以上の上層階に行くことはできないため、居住棟とエレベーター

室などがある棟は、個別に独立性を有していないと判断できることから、全体として1棟の建物として判断することになります。

(2) 玄関等

居住棟にエレベーター及び階段が設置されているものの、居住棟とは別に平家建の玄関、エントランス及び管理人室だけがある棟があり、居住棟と玄関等がある棟とを接続する通路は屋根があるものの、側壁等のない共同住宅もあります。

外部から居住棟へ入るためには、玄関等のある棟を通過しなければならないため、居住棟と玄関等がある棟は、個別に独立性を有していないと判断できることから、全体として1棟の建物として判断することになります。

3 本事例について

(1) 外気分断性及び人貨滞留性

本事例の渡り廊下は、外気分断性を有せず、通路としてのみ利用されているため人貨滞留性も有していません。

(2) 独立性

各居住棟にエレベーター及び階段があったとしても、共用棟を通過しなければ建物外部への出入りができず、各居住棟間又は各居住棟と共用棟間について渡り廊下を使用して移動するのであれば、各居住棟と共用棟は1棟の建物として登記することができると考えられます。

一方、各居住棟及び共用棟に建物外部への出口があり、居住棟間又は居住棟と共用棟との移動に、渡り廊下ではなく各棟の出口も使用している場合には、各棟に独立性があると判断できるため、各棟をそれぞれ1棟の建物として登記することができると考えられます。

> **MEMO**
>
> ◆建物の区分所有等に関する法律における団地について
> 　建物の区分所有等に関する法律65条は、区分建物を含む複数棟の建物が一体となって利用される状況にある場合には、規約により団地建物の所有者の団体を置くことができると定めています。
> 　また、建物の区分所有等に関する法律67条は、一団地内の附属施設たる建物は、規約により団地共用部分とすることができると定めています。
> 　そのため、本事例の各居住棟が区分建物であり、各居住棟に独立性が認められる場合であっても、規約を定めることによって、共用棟を団地共用の建物とすることが可能です。
> 　この場合の共用棟は、種類を「集会室・管理人室」とする一般建物として登記し、各区分建物の団地共用たる旨の登記をすることができると考えられます。

第 4 章

建物の階数

〔21〕 塔屋（エレベーター巻上機）を有する建物の場合

　建物本体と同一の構造を有する屋上階（床面積60㎡）に塔屋（天井の高さ2m、占有面積5㎡）があり、中にはエレベーターの巻上機が据え付けられているほか、残余のスペースは物置、事務スペースが併存しています。この場合、建物の階数はどのように取り扱えばよいでしょうか。

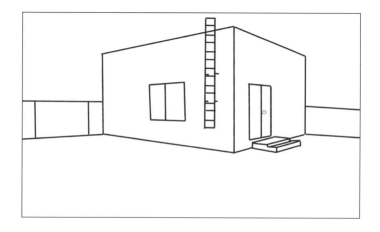

POINT

　塔屋が構造上、単にその建物の附属施設として利用されている場合は、天井の高さが1.5m以上あっても建物の階数及び床面積には算入しませんが、塔屋部分に生活空間としての用途性（人貨滞留性）が確認できる場合は、建物の階数に算入することになると考えられます（昭37・12・15民事甲3600）。

解　説

1　塔屋とは

　塔屋とは、マンションやビルの屋上に見られる、突き出した部分のことです。一般的には、階段室やエレベーターの機械室（巻上室）、倉庫、空調・給水設備室、高架水槽などに使用されます。

　建築基準法上は、塔屋部分の床面積が当該建築物の建築面積の8分の1以下のものは建築物の階数に算入しないと規定していますが（建基令2①八）、登記上の取扱いについては、屋上部分を建物の階数に算入するか否かの判断はその部分の天井の高さ（1.5m以上）のほか、規模や利用用途が基準となります（不登則114、不登準則81④）。

2　先例による取扱い

　塔屋が、単に屋上に出るための階段室である場合やエレベーターの巻上機、高架水槽、冷却装置等を収容するための施設である場合は、天井の高さが1.5mあっても、階数に算入することはできません（昭38・10・22民事甲2933）。これらは塔屋が単に機械を覆う工作物にすぎず、人間が恒常的に滞留することが予定されておらず、建物の独立の階層として認められないからです。

　そのため、塔屋部分が建物の階数に算入されるためには、天井の高さが1.5m以上あり、塔屋部分が機械室のほか、倉庫、事務室等一定の

利用目的に供されるなど、そこに生活空間が認められることが必要とされています（昭37・12・15民甲3600）。

3　本事例の場合

本事例は、塔屋の内部は天井までの高さが1.5m以上あり、エレベーターの巻上機のほか、残余のスペースに物置や事務スペースが併存し、利用されていることから、建物としての用途性（人貨滞留性）が確認できることから、一つの階として算入することになると考えられます。

> **MEMO**
>
> ◆床面積の取扱い
> 塔屋が建物の階数に算入されると認められる場合は、建物の床面積にも算入されます（不登準則82一、昭37・12・15民甲3600）。

〔22〕 建物内の大空間で客席が階段状であるなど、複数層となっている建物の場合

　大規模劇場や大学の大規模教室で見られるような、席部分が階段状になっている構造で、床との高低差が1.5mを超えている場合の建物の階数は、どのように判断するのでしょうか。

POINT

　床から天井までの高さが1.5m以上ある階層は、原則として独立した階層として登記することになると考えられます。

第4章　建物の階数　　　　　　　　　93

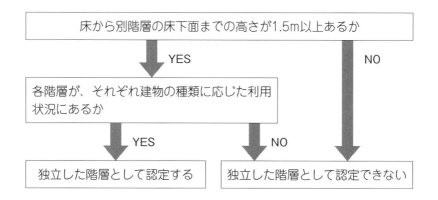

解　説

1　階数（不動産登記事務取扱手続準則81条4項による定め）

不動産登記事務取扱手続準則81条4項において、「天井の高さ1.5m未満の地階及び屋階等（特殊階）は、階数に算入しないものとする。」と規定していることから、床から天井までの高さが、1.5m以上ある階層は、原則として独立した階層として取り扱います。

2　人貨滞留性

建物の屋上への出入りなどのために設けられている塔屋や階段の踊り場が、通行のみに利用される場合には、建物の種類に応じた利用状況としての生活空間（人貨滞留性）を有しないため、天井までの高さが1.5m以上あったとしても独立した階層としては取り扱いません（中村隆＝中込敏久監『新版Q&A表示に関する登記の実務　第4巻』334頁（日本加除出版、2008））。

3 本事例の場合

（1） 観客席が複数の階層となっている場合

　大規模劇場やコンサートホールなど、2階以上の階層となっている観客席で下層階の床面と上層階の床下面（天井）との高さが1.5m以上ある場合には、各階層がそれぞれ観客席として利用されている（人貨滞留性を有する）ことから、独立した階層として登記することになると考えられます。

（2） 座席が複数の階層となっていない場合

　大学の大規模教室などのように、座席が、階段状に配置され、最前列にある座席の床面と最後列の座席がある床面の高さが、1.5m以上ある場合であっても、床面が階段状となっているだけであって階層とはなっていないため、当該教室は一つの階層として登記することになると考えられます。

　なお、教室の外側にある通路について、最前列の座席がある床面と同じ高さの通路と最後列の座席がある床面と同じ高さの通路が、それぞれ天井までの高さが1.5m以上ある別の階層である場合、通路部分は別の階層として登記することになりますが、教室部分は、一つの階層として登記することになると考えられます。

MEMO

◆空間としての一体性

　観客席が複数の階層となっている場合、各階層の空間が周壁等によって分断されていないことから、観客席として一体となって利用されているとして、下層階の床面から上層階の床下面までの高さが1.5m以上ある場合であっても、一つの階層として登記するべきとの意見があります。

　これは、建物の認定における外気分断性に準じ、建物内部においても別階層と判断するためには、周壁等により空間が分断されていることを

第4章　建物の階数

要するという考え方によるものと思われます。
　建物の認定における外気分断性について、用途によっては側壁等により外気と分断されていない場合であっても建物として認定する場合があることからすれば、空間としての一体性が、階層の判断における絶対的な基準とはならないものと考えられます。
　階層については、本事例の解説のとおり、空間としての一体性ではなく、各階層の床面から天井までの高さと利用状況（人貨滞留性）によって判断することになります（民事法務協会編『表示登記教材　建物認定〔3訂版〕』293頁（民事法務協会、2008））。

〔23〕 傾斜地に建築された建物の場合

　下図のとおり、3階建に見受けられる車庫付き居宅について、表題登記の申請の依頼を受けました。車庫が存する道路より、居宅が存する宅盤（地盤面）の方が高い構造となっています。この建物の階数はどのように登記すべきでしょうか。

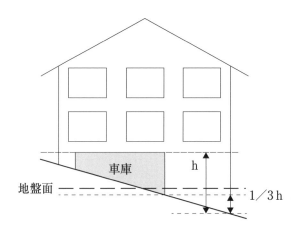

POINT

　不動産登記規則や不動産登記事務取扱手続準則に階数の定義がありますが、実務において階数を判断するケースは様々なものがあります。
　実務上は、上記法令や先例、建築基準法施行令における定義等を参考にしながら、個々に階数を判断していくほかありません。
　傾斜地に建築された建物における地上階と地階の区分については、地盤面（建基令2②）を基準とし、床面が地盤面より下にある階層でその床面から地盤面までの高さがその階の天井までの高さの3分の1以上あるときはその階層は地下階として取り扱うことが考えられます（昭63・3・24民三1826）。

第 4 章 建物の階数

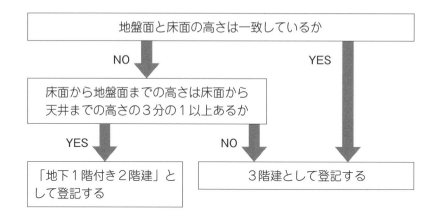

解　説

1　法令による定義

（1）　不動産登記規則

不動産登記規則114条（建物の構造）によると、「建物の構造は、建物の主な部分の構成材料、屋根の種類及び階数により、次のように区分して定め、これらの区分に該当しない建物については、これに準じて定める」とあり、階数による区分は、平家建、2階建（3階建以上にあっては、これに準ずる。）としか記載がありません。

（2）　不動産登記事務取扱手続準則

不動産登記事務取扱手続準則81条（建物の構造の定め方等）によると、建物の構造は、「規則114条に定めるところによるほか、おおむね次のように区分して定める」とあり、階数による区分は、地下何階建、地下何階付き平家建（又は何階建）等の記載があるのみです。

（3）　建築基準法施行令

建築基準法施行令1条（用語の定義）2号によると、地階とは「床が地盤面下にある階で、床面から地盤面までの高さがその階の天井の

高さの3分の1以上のものをいう」と定義されていますが、あくまで地階と定めて差し支えないと解釈されています。

2 先例による取扱い

地上階と地下階の区分について、登記先例では次のように取扱いが示されています。

「地盤面を基準とし、床面が地盤面より上にある階層は地上階とし、下にある階層は地階として取り扱う。この場合、床面が地盤面下にある階層で床面から地盤面までの高さがその階の天井までの高さの3分の1以上あるときは、当該階層は地下階として取り扱う。」(昭63・3・24民三1826)

ここでいう「地盤面」とは、不動産登記法上には規定が存在しないものの、建築基準法の規定において「建築物が周囲の地面と接する位置の平均の高さにおける水平面（著者注：図1）をいい、その接する位置の高低差が3mを超える場合においては、その高低差3m以内ごとの平均の高さにおける水平面（著者注：図2）をいう」とされており（建基令2②）、登記先例も同様の取扱いとしています。

（図1）

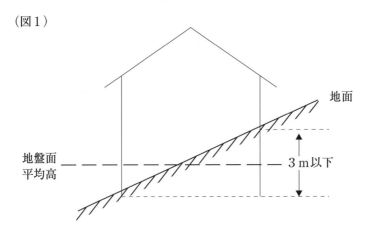

第4章　建物の階数　　99

（図2）

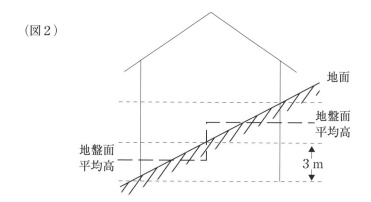

　なお、登記先例の後段では、床面が地盤面下にある階層で、床面から地盤面までの高さがその階の天井までの高さの3分の1以上あるときの取扱いを示していますが、図にすると次のとおりです。

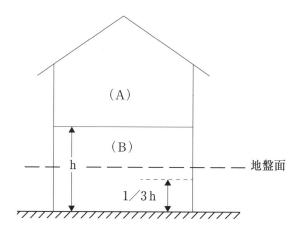

　上の図の建物の場合、(B)の部分の床面の高さは地盤面の下にあり、(B)部分の床面より天井までの高さの3分の1を超えて地盤面があるため、(B)の部分は地下階となります。この場合、登記上は「地下1階付き平家建」と記録されます。

3 本事例の場合

　本事例は、車庫の床面から地盤面の高さが車庫の床面から天井高の3分の1を超えており、建築確認申請では地下1階、2階建と記載されていることから、登記においても、地下1階付き2階建とすることが考えられます。

　なお、同様の事例で3階建と扱うケースも考えられますので、登記する際には、事前に管轄法務局と調整すべきと考えられます。

〔24〕 傾斜地に建つ日本旅館の増築をする場合

　下図のとおり、傾斜地に建てられている日本旅館の増築の登記の依頼を受けました。Aの部分の階数はどのように登記すべきでしょうか。

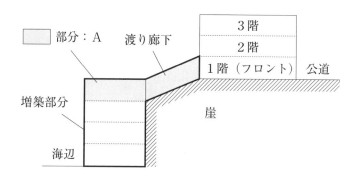

POINT

　増築された建物と旧建物の部分が渡り廊下で接続しており、1棟の建物と認められる場合は、旧建物の1階と増築された建物のAの部分は同一の階として取り扱うことが考えられます（昭46・4・16民事甲1527）。

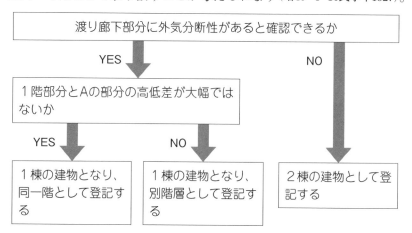

解　説

1　傾斜地に建つ建物の階数

　旅館などでは美しい景観などを得るために、傾斜地を利用して建築された建物が全国各地に多く見られます。その際に、傾斜で高低差があるものの、階段や渡り廊下で建物同士を接続して利用している場合にそれぞれの建物の階数をどのように取り扱えばよいかについて、悩むことがあります。これについては、登記先例では、下図のような傾斜地に建築された建物について、甲、乙の部分が接続していて1棟の建物と認められる場合は、甲、乙及び階段室の部分を「2階」として取り扱うこととしています（昭46・4・16民事甲1527）。

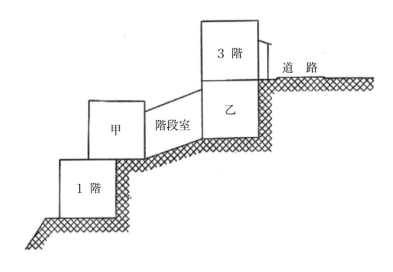

2　高低差についての諸問題

　上記1の先例では、接続されている建物相互間に高低差はあっても、全体的に見て同一の平面上にあると見られる場合には、同一の階に属するものとして取り扱うことが示されています。その際に、どの

程度の高低差までなら、同一の平面上にあると判断されるのかについて問題になります。これについて、上記**1**の図の場合では、甲の建物に乙の建物が重なっていない限り、同一階に属するものとして取り扱って差し支えないものと考えられるとする見解がありますが（飛沢隆志「建物の表示登記における問題点－建物の種類、構造および床面積の取り扱いについて－」民事月報26巻6号72頁（1971））、実務では、建物の具体的な現況によって判断されることになります。

3 本事例の場合

本事例は、現地の実地調査において、増築された建物のAの部分と旧建物の1階の部分は、接続している渡り廊下部分に外気分断性があると確認できることから、増築された建物と旧建物は1棟の建物であると判断することができると考えられます。また、旧建物の1階の床面とAの部分の階の床面では7mの高低差が確認されましたが、渡り廊下の現況から同一の平面上にあると考えられたため、Aの部分と渡り廊下及び旧建物の1階を同一階として登記することが考えられます。

なお、1階（フロント）部分とAの部分の高低差が大幅な場合には、同一階ではなく別階層と考えるべき場合もあり、構造上や用途上によっては、別建物や附属建物となる場合も考えられますので、登記する際には事前に管轄法務局と調整すべきと考えられます。

> **MEMO**
>
> ◆古い家屋と接合する建物の表題部の変更の登記を行うケース
>
> 　増築案件の場合、既存棟の建築確認済証、建築確認通知書や設計図書はなかなか見当たらないものです。既提出の建物図面、各階平面図が現況と異なっていることもあり得ます。傾斜地に建つ旅館に限らず、古い家屋と接合する建物の表題部の変更の登記は、新旧の建物の状態を合わせる図面に苦労します。旧建物の床面積を測り直すことによって、床面積の増減が発生します。旅館や営業店舗では、構造等も微妙に一部改良工事がなされているケースもありますので、現在の建物の状態に合った登記となるように留意が必要です。

〔25〕 同一フロアに小屋裏収納（スキップフロア）がある建物の場合

2階の一つの空間の居室（天井高3.5m）にロフトがあり、ロフト部分の天井高は1.5mを超えています。ロフトの下部部分は天井高1.5m未満で、居室部分と床が同一レベルであり、仕切りとなる扉等はありません。建築確認申請では、2階建となっています。このような場合の階数は、どのように判断するのでしょうか。

POINT

ロフト下の空間が1.5m未満であり、ロフトの床から天井までの高さが1.5m以上ある場合、ロフト下の空間は居宅の一部としての生活空間（人貨滞留性）を有していないことから、ロフトは、ロフト下部の床面と同一床面の階層として登記することが考えられます。

第4章 建物の階数

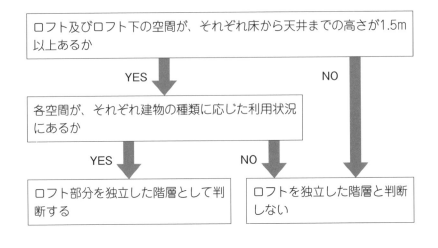

解　説

1　不動産登記事務取扱手続準則81条4項による取扱い

　不動産登記事務取扱手続準則81条4項は、「天井の高さ1.5m未満の地階及び屋階等（特殊階）は、階数に算入しないものとする。」としています。

　これは、天井までの高さが、1.5m未満の階層は、生活空間を確保することが難しいため、具体的な用途を考慮するまでもなく人貨滞留性を欠くと取り扱うとともに、1.5m以上ある高さを有する空間は、原則として人貨滞留性を有するため階層又は床面積に算入することを明確にしたものです（中村隆＝中込敏久監『新版Q&A表示に関する登記の実務第4巻』355頁（日本加除出版、2008））。

2　不動産登記事務取扱手続準則82条1号による取扱い

　不動産登記事務取扱手続準則82条1号ただし書には、「1室の一部が天井の高さ1.5m未満であっても、その部分は、当該1室の面積に算

入する。」と規定しています。

　同号ただし書が規定する「1室の一部」とは部屋全体のおおむね半分以下の床面積であり、1室の面積の半分を超える部分の天井の高さが1.5m未満であれば、1室全体を床面積に算入しない取扱いとされています（昭46・4・16民甲1527）。

③　人貨滞留性

　階段の踊り場が通行のみに利用される場合には、建物の種類に応じた利用状況としての生活空間（人貨滞留性）を有しないため、天井までの高さが1.5m以上あったとしても独立した階層としては取り扱いません（中村隆＝中込敏久監『新版Q&A表示に関する登記の実務　第4巻』334頁（日本加除出版、2008））。

④　本事例の場合

　本事例におけるロフト部分は、階段に接していますが、踊り場などの階段の一部ではなく、階段とは異なる用途として設けられていることから、物を置くための空間のほか、作業用スペースや子どもの勉強場所として利用されることが想定されるため、居宅の一部としての使用状況にあると認められます。

　また、ロフト下の床面は、居室部分と同一の床面であるものの、高さが1.5m未満であり、生活空間を確保することが難しいため、具体的な用途を考慮するまでもなく人貨滞留性を欠くと考えられます。

　本事例のロフトのように同一の階層内に他の部分とは異なる床又は天井を有する箇所がある場合には、不動産登記事務取扱手続準則81条4項により階層を判断するものと考えられます。

　したがって、ロフトの上部及び下部についてそれぞれ床から天井までの高さが1.5m以上ある場合には、ロフトの上部は別階層として判

断しますが、いずれか一方が1.5m未満である場合には、ロフト上部は、ロフト下部と同一階層として判断するものと考えられます。

なお、ロフト上部及び下部共に床から天井までの高さが1.5m未満でありロフト上部又は下部と他の部分とが壁や扉などにより区切られていない場合には、1室の一部と判断できれば、不動産登記事務取扱手続準則82条1号によりロフト下部も当該階層の床面積に算入することになるものと考えられます。

> **MEMO**
>
> ◆建築基準法との関係
>
> 　建築基準法は、「建築物」の構造等について最低限の基準を定めることにより、国民の生命、健康及び財産の保護を図り、公共の福祉の増進に資することを目的としています（建基1）。
>
> 　一方、不動産登記法は、不動産に関する権利を公示することによって、国民の権利の保全と取引の安全と円滑に資することを目的としています（不登1）。
>
> 　不動産登記法と建築基準法は、独立した法律であり、各法律が目的とするところが異なることから、同一の建物や構造物であっても、建物又は建築物としての認定要件や、床面積への算入など、それぞれの法律における取扱いが異なることがあります。

第 5 章

建物の種類

第5章　建物の種類

〔26〕　引渡し時に店舗の内装工事が未施工の建物の場合

　建物の一部に店舗として利用する予定の部屋があり、この部屋は、引渡し後に使用者（入居者）が内装工事を施工するため、建物の表題登記申請時には躯体までしか完成していません。このような場合は、建物として認定できるでしょうか。また、建物の種類を店舗と表示するためにはどうすればよいでしょうか。

POINT

建物の種類は、利用目的を明確にするため、用途を現地で目視により確認する必要があると考えられます。目視により確認ができない場合は、少なくとも店舗として認定できる疎明資料が必要不可欠となると考えられます。

解　説

1 現地で店舗として目視により認定できるか

（1）　目視により確認

現地調査する際、基本的に社会通念上店舗と認められる程度まで内装工事、家具工事が完了しているか、店舗看板などが設置されているか等が求められます。目視により店舗と確認できれば建物の種類を店舗とすることに問題はありません。

（2）　内装工事等を入居者が施工する場合

建築工事の請負契約で店舗部分は躯体までとされ、内装工事、家具工事は入居者が施工するという工事手法の場合は、躯体工事までで建

物が引き渡されるため、目視により店舗と確認することができません。そのため、店舗として認定できる疎明資料が必要となります。

2　店舗として認定できる疎明資料とは

店舗として認定できる疎明資料は、以下のものが挙げられます。

① 検査済証、建築確認済証

　　所有権証明書として添付する情報にするとともに、それらの中の用途に店舗の記載があるかを確認することにより、疎明資料とすることができます。

② 申請人の申述書

　　申請人が、店舗として使用する旨、仮に店舗以外に使用する場合は直ちに建物の表題の変更登記をする旨を記載する申述書が考えられます。

　　なお、この申述書には、申請人の実印を押印し、印鑑証明書を添付することになります。

③ 店舗使用者との賃貸借契約書（区分建物の場合は売買契約書）

　　参考資料として各種契約書の写しを添付します。

　　これにより、入居者が店舗運営することを目的とした建物であることを確認することができます。

④ 完成後の内装パース

　　完成後の店舗内の様相が分かる内装パースがある場合は、これを添付することも考えられます。

<イメージ図>

3　本事例の場合

　本事例は、躯体まで完成しているため、建物として認定できますが、店舗としての用途が目視により確認することができません。そのため、店舗として認定できる疎明資料がある場合に限り、種類を店舗として表示することができると考えられます。

> **MEMO**
>
> ◆区分建物の場合
> 　区分建物においては、大規模なものの場合、一部の専有部分に本事例と同様に、未施工の店舗がある場合があります。その場合は、本事例と同様に判断すべきものと考えられます。

〔27〕 居宅の一部に車庫があり、用途が二つ以上ある建物の場合

1階の一部分を車庫（40㎡）として利用し、1階の残りの部分及び2階、3階を居宅（230㎡）として利用している場合、建物の種類はどのように登記すればよいでしょうか。

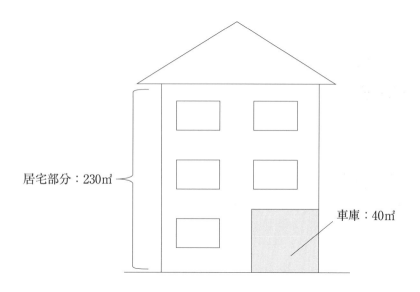

POINT

建物の主な用途が二つ以上ある場合は、その種類を併記して表示します（不登則113②、不登準則80②）。主たる用途への該当性は、建物全体の面積における利用目的の異なる部分の床面積割合や利用価値・経済的価値を考慮して判断することになると考えられます。

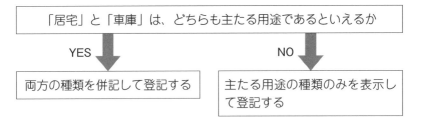

解　説

1　建物の種類と主たる用途

　建物の種類は、建物を特定するための要素で登記事項とされており（不登44①三）、法令・通知で種類の定め方が規定されています（不登則113、不登準則80①）。また、建物の主たる用途が二つ以上ある場合（例えば、「居宅・店舗」など）には、その種類を併せて表示するものとされています（不登則113②、不登準則80②）。そのためには、建物が二つの主たる用途に利用する構造で建築されており、しかも、その部分が継続的に、二つ以上の主たる用途に利用されていることが必要となります。

2　主たる用途の基準（二つ以上の用途に供されている 1 棟の建物の場合）

　その場合、どのような基準をもって、主たる用途を判断するのかが問題となります。主たる用途となる基準は一般的な社会通念によることになりますが、二つ以上の用途に供されている 1 棟の建物の場合は、各部分の床面積により判断することになると考えられます。建物全体の床面積のうち、用途が異なる各部分の床面積がどの程度の割合であれば主たる用途と判断するのかについて、建物全体の30％以上が異なる用途であれば、構造が特に簡易なものであるなどの事情がない限り

主たる用途として判断することに差し支えないとする見解があります（中村隆＝中込敏久監『新版Q＆A表示に関する登記の実務　第4巻』232頁（日本加除出版、2008））。

なお、主たる用途の判断に際しては、用途が異なる各部分について、1個の建物としての利用価値や経済的価値の有無がポイントになるケースもありますので、確認に際しては留意が必要です（例えば、小規模の事務所に大規模な工場が併設されている1棟の建物など）。

3　本事例の場合

本事例は、居宅に併設した車庫の床面積が建物全体の床面積の15％程度であり、建物全体に占める規模としては小さく、一定の経済的価値を有しているとも考えられないため、車庫は主たる用途には該当せず居宅のみとして登記することになると考えられます。

〔28〕 建築図面上は自動車車庫と表記されているが、現地における利用状況が異なる場合

　「老人福祉施設」の一部について、建築確認書の図面上では自動車車庫と表記されています。現地を確認したところ、自動車車庫と表記されている部分の一方には壁がなく、駐輪場やゴミステーションなど多目的に利用される状態であり、このような場合の建物の種類は、どのように判断すればよいでしょうか。

POINT

　一方に壁がないため外気と完全に分断されていない部分であっても、建物の一部として利用されている場合は、床面積へ算入するものと考えられます。
　また、「老人福祉施設」の一部として利用されていることから、建物全体として種類を「老人福祉施設」として登記すると考えられます。
　ただし、建物の種類に関しては、各法務局、地方法務局で定められていますので、事前に管轄法務局と調整することが求められます。

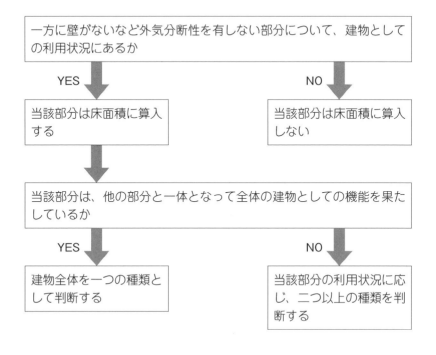

解　説

1　外気分断性を有しない建物

（1）　建物の認定基準の原則

　登記することができる建物について不動産登記規則111条は、「土地に定着した建造物であること（定着性）」及び「目的とする用途に供し得る状態にあるもの（用途性）」とともに、「屋根及び周壁又はこれらに類するものを有すること（外気分断性）」と定めています。

（2）　外気分断性の例外

　不動産登記事務取扱手続準則77条は、建物の認定に当たっては、例示した建物から類推し、その「利用状況等を勘案して判定する」とし、

「停車場の乗降場又は荷物積卸場の上屋のある部分」や「野球場又は競馬場の観覧席の屋根のある部分」などの周壁を有しない建造物についても、建物と認定することができると定めています。

2 建物の用途を踏まえた床面積への算入

床面積には、建物の認定基準を踏まえて建物の一部として判断できる部分を算入します。

したがって、屋根や周壁等がない部分であっても、当該部分の利用状況を踏まえて建物の一部と判断できる場合には床面積に算入します。

また、三方が周壁に囲まれており一方が開放されている車庫であっても、車庫としての利用状況を踏まえ、周壁の一部がなくても建物の一部として床面積に算入することができるとされています（「質疑応答6586」登研451号124頁（1985））。

3 建物の一部の利用状況による種類の認定

不動産登記規則113条1項及び不動産登記事務取扱手続準則80条には、建物の主な用途により区分した建物の種類が例示されていますが、これらによっても種類を定めることが難しい場合には、建物の用途により適当に定めるものとされています。

なお、不動産登記規則113条2項は、建物の主な用途が二つ以上ある場合には、それぞれ該当する二つ以上の用途により建物の種類を定めるものと規定されています。

詳細は、〔29〕を参照してください。

4 本事例の場合

本事例は、建築確認書の図面に自動車車庫と表記されている部分の利用状況によって、床面積への算入及び建物の種類を判断することになると考えられます。

また、自動車車庫と表記されている部分について、「老人福祉施設」を利用するための「ごみ集積所」や「自転車置き場」として利用されていることから、床面積に算入した上で、建物全体の種類を「老人福祉施設」として登記すると考えられます。

〔29〕 マンションの敷地に別棟建物として設けられた子育て支援施設の場合

区分建物であるマンション内又は敷地内の別棟の建物として、マンション居住者が主に利用する子育て支援施設が建築されている場合、この建物の種類は、どのように定めるべきでしょうか。

POINT

建物の種類は、主たる用途により定めることとされています。

不動産登記規則113条1項及び不動産登記事務取扱手続準則80条に建物の種類が例示されていますが、該当するものがない建物については、建物の用途によって適当に定めるものとされています。

なお、通達等のほか、法務局又は地方法務局の事務取扱規程等により、建物の種類を例示している場合もあるので、不動産登記規則や事務取扱規程等に該当する種類がないと思われる建物は、事前に管轄法務局に対して登記する建物の種類について確認する必要があります。

```
┌─────────────────────────────────────────┐
│ 不動産登記規則・不動産登記事務取扱手続準則に該当する建物の種類 │
│ が例示されているか                                        │
└─────────────────────────────────────────┘
      │ YES                          │ NO
      │                              ▼
      │                  ┌─────────────────────────┐
      │                  │ 各局の事務取扱規程等において該当事例が │
      │                  │ 示されているか                      │
      │                  └─────────────────────────┘
      │                      │ YES           │ NO
      ▼                      ▼               ▼
┌──────────────────┐  ┌──────────────┐
│ 該当する種類により登記する │  │ 法務局との協議を要する │
└──────────────────┘  └──────────────┘
```

解　説

1　不動産登記規則113条1項等による取扱い

　不動産登記規則113条1項及び不動産登記事務取扱手続準則80条には、建物の主な用途により区分した建物の種類が例示されていますが、これらによっても種類を定めることが難しい場合には、建物の用途により適当に定めるものとされています。

　なお、不動産登記規則113条2項は、建物の主な用途が二つ以上ある場合には、それぞれ該当する二つ以上の用途により建物の種類を定めるものと規定されています。

① 　不動産登記規則113条1項に例示されている種類

　　居宅、店舗、寄宿舎、共同住宅、事務所、旅館、料理店、工場、倉庫、車庫、発電所及び変電所

② 　不動産登記事務取扱手続準則80条に例示されてる種類

　　校舎、講堂、研究所、病院、診療所、集会所、公会堂、停車場、劇場、映画館、遊技場、競技場、野球場、競馬場、公衆浴場、火葬場、守衛所、茶室、温室、蚕室、物置、便所、鶏舎、酪農舎、給油所

2　通達等による例示

　不動産登記規則等の例示により種類を定めることができない建物について、通達等により建物の種類が例示されているものがあります。

① 　農作物栽培高度化施設

　　農地法43条1項に規定する農地に設置された建物（平30・11・16民二613）

② 　認定こども園

　　就学前の子どもに関する教育、保育等の総合的な提供の推進に関

する法律2条6項に規定する建物（「質疑応答7971」登研810号213頁（2015））

③　水素ステーション

　水素専用の供給施設内にあり、水素を供給するために用いられる建物（「質疑応答7984」登研831号171頁（2017））

3　法務局又は地方法務局における取扱い

　法務局又は地方法務局では、各局での取扱いを統一するため、建物について不動産登記規則等に例示されている建物の種類の具体的な事例又は例示されていない種類を、表示登記事務取扱規程等で例示している場合があります。

　各局が例示している建物の種類又はその具体的事例は、過去の登記事務における支局や出張所、土地家屋調査士からの照会などに基づき、局内で協議して建物の種類として取り扱うと判断されたものです。ただし、事務取扱規程等で例示されている建物の種類等は、各局での取扱いに限られることに注意を要します。

4　各例示に該当する建物の種類がない場合

　建築確認申請書の平面図などにおいて、区分建物の規約共用部分などに様々な名称が用いられ、建物の利用開始後、そのまま施設名等として利用されることがあります。

　建物の種類が、建物を特定するために登記事項とされていることからすれば、用途に応じた社会通念上通用する用語をもって、的確かつ合理的に定めることが必要であり、建物の種類を申請人の判断のみに委ねることは相当ではありません。

　したがって、建築確認申請書などに記載されている名称や実際の利用状況が、不動産登記規則等に例示されている建物の種類に該当しな

い場合には、登記を申請する前に、建物の種類について管轄法務局に確認することが必要です。

5 本事例の場合

本事例は、主な利用目的が子育て支援により未就学児等を預かることであるため、「託児所」と認定することが考えられます。

なお、建物の種類は、建物の用途に応じた、社会通念上通用する用語により判断することとなりますが、区分建物の規約共用部分などに用いられる名称に該当する建物の種類の具体的事例には、以下の事例があります。

① ゲストルーム

　ゲストルームは、マンションの住人を訪ねてきた人が、一時的に宿泊するための共用施設であり、居住に必要な設備を備えており、居宅は、「現実に人が居住しているか否かは問わない」ことから、種類を「居宅」と認定することが考えられます。

② パーティールーム、キッズルーム

　パーティールームやキッズルームは、特定多数の人が集まる場であり、「集会所」とすることが考えられます。

③ コンシェルジュ、クリーニング保管庫

　コンシェルジュやクリーニング保管庫は、区分建物の利用者に対する管理機能を有する場所であり、「管理室」とすることが考えられます。

④ スタディルーム

　スタディルームは、学習塾やそろばん塾に利用されますが、学校教育法に基づく教育施設ではありませんので、「教習所」とすることが考えられます。

⑤　ラウンジ

　ラウンジは、来訪者や居住者等がくつろぐためのスペースとして利用される場所であり、「休憩所」とすることが考えられます。

⑥　フィットネスルーム

　フィットネスルームは、居住者等が運動を行うスペースとして利用される場所であり、「練習場」とすることが考えられます。

MEMO

◆法令に定めのある施設の名称

　農作物栽培高度化施設や認定こども園は、法令に定めのある施設の名称であることから、不動産登記規則等に例示されていませんが、建物の種類として使用することができます。

　法令に定めのある施設には、老人福祉法15条に定める養護老人ホームや特別養護老人ホームなどもあります。

　これら法令に定めのある施設の設置や運営には、都道府県知事などへの届出や許可を要すると定められていることがあるため、建物の種類の認定に当たっては、法令とともに届出や許可の有無を確認することが必要です。

〔30〕 マンションの入居者が出すゴミを集める建物の場合

マンションの入居者が出すゴミを集める建物については、「集塵庫」、「ゴミ置き場」、「ゴミ集積所」など、様々な名称がありますが、建物の種類はどのように定めるべきでしょうか。

POINT

建物の種類は、主たる用途により定めることとされています。

不動産登記規則113条1項及び不動産登記事務取扱手続準則80条に建物の種類が例示されていますが、該当するものがない建物については、建物の用途によって適当に定めるものとされています。

なお、建物の種類については通達等のほか、法務局又は地方法務局の事務取扱規程等で例示している場合もありますので、不動産登記規則や事務取扱規程等に該当する種類がないと思われる建物は、事前に、登記官に対して登記する建物の種類について確認する必要があります。

ゴミを集める場所については、家庭用又は事業用であるかなどの使用状況から適当な種類を検討することとなりますが、家庭用であれば「ゴミ置き場」、事業用であれば「集塵庫」とするのが、一般的と考えられます。

また、「集塵庫」については、空気中の塵を集める集塵機が設置されている建物の種類として使用することもあります。

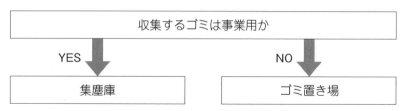

解　説

1 不動産登記規則113条1項等による取扱い

不動産登記規則113条1項及び不動産登記事務取扱手続準則80条には、主たる用途により区分した建物の種類が例示されていますが、これらによっても種類を定めることが難しい場合には、建物の用途により適当に定めるものとされています。

なお、詳細は、〔29〕を参照してください。

2 本事例の場合

「ゴミ置き場」、「ゴミ集積所」、「集塵庫」は、ゴミを一時的に保管する建物や場所として一般的に使用されている用語です。

「ゴミ置き場」や「ゴミ集積所」は「ゴミを集積する場所」に、「集塵庫」は空気中の塵を集める機械が設置されている建物や工場など事業において生じる廃棄物を一時的に保管するための建物に用いられています。

一方、物を一時的に保管する建物の種類として、不動産登記規則113条1項には「倉庫」が、不動産登記事務取扱手続準則80条には「物置」が例示されています。

これらの物を保管する建物については、「倉庫」が「（事業等で使用する）物品の収納、保管の用に供する建物」であるのに対して、「物置」は「個人等が日用品等の収納・保管の用に供する規模の小さな建物」とされています（民事法務協会編『表示登記教材　建物認定〔3訂版〕』208頁（民事法務協会、2008））。

この「物」を保管する建物である「倉庫」と「物置」との取扱いを踏まえると、「物」のうち「ゴミ・廃棄物」のみを保管する建物につい

ては、規模の大きな事業用の廃棄物を保管する建物は「集塵庫」、規模の小さな家庭用ゴミを保管する建物は「ゴミ置き場」と区分することが、適当であると考えられます。

　なお、「ゴミ集積所」については、家庭用ゴミの路上における回収場所としても用いられることから、建物の種類としては適当ではないと考えられますが、法務局又は地方法務局によっては、事務取扱規程等において「ゴミ集積所」を建物の種類として使用することができるとされている場合もありますので、管轄法務局に確認する必要があります。

〔31〕 自動車販売センターの店舗内に事務員が作業を行うスペースがある建物の場合

　自動車販売店の店舗内に車を展示するスペースのほか、事務を行うための作業スペースが設けられている建物の場合、この建物の種類は「店舗」か「事務所」のどちらと判断するのでしょうか。

POINT

　建物の種類に該当する主たる用途が二つ以上ある場合には、それぞれの用途に該当する建物の種類により定めますが、建物の主たる用途は、建物全体及び一部の利用状況によって判断することになります。
　したがって、作業スペースで行われる事務が、販売店業務の機能の一部である場合には「店舗」、販売店業務とは別の事務を行う場合や別の事務も含む場合には「店舗・事務所」として建物の種類を判断することになると考えられます。

建物の一部の利用状況が、全体の利用状況により判断される建物の機能の一部であるか

YES	NO
建物全体の利用状況により建物の種類を判断する	建物の一部の利用状況も考慮して建物の種類を判断する

解　説

1　不動産登記規則113条2項による取扱い

　不動産登記規則113条2項は、同条1項又は不動産登記事務取扱手続準則80条で例示する建物の種類に該当する主な用途が二つ以上ある建物については、それぞれの用途に該当する建物の種類により定めると規定しています。

2　建物の主たる用途

　建物の主たる用途は、建物全体の利用状況によって判断することになります。

　したがって、建物の一部の利用状況が不動産登記規則等に例示されている建物の種類に該当したとしても、建物全体の利用状況から判断される建物としての機能の一部である場合には、建物の一部の利用状況を主たる用途と判断することはできません。

　なお、建物の主たる用途は利用状況により判断することから、建物の一部の大きさや建物全体に占める割合ではなく、他の部分を利用するための機能の一部であるか否かにより判断することになります。

3　建物の一部の利用状況を主たる用途と判断できない事例

（1）便　所

　不動産登記事務取扱手続準則80条には、建物の種類として「便所」が例示されていますが、居宅や事務所にある「便所」は、建物を居宅や事務所として利用するための機能の一部であることから、居宅や事務所とは別に「便所」を建物の種類として登記することはできません。

（2）物　置

　不動産登記事務取扱手続準則80条には、建物の種類として「物置」

が例示されていますが、居宅や事務所にある「物置」は、居宅や事務所の建物としての機能の一部である場合には、居宅や事務所とは別に「物置」を建物の種類として登記することはできません。

4 本事例の場合

　本事例は、作業場所において行われる作業内容により判断することになります。

　作業スペースで自動車販売店業務に関する事務が行われている場合には、作業スペースは販売店の機能の一部として利用されているため、建物の種類は「店舗」と考えられます。

　一方、作業スペースが地域の拠点営業所としての管理事務を行う場所として利用されているような場合には、管理事務は販売店の機能の一部ではないため、建物の種類は「店舗・事務所」と考えられます。

〔32〕 小学校入学前の0歳から6歳までの子どもの教育と保育を行う施設の場合

小学校入学前の0歳から6歳までの子どもの教育と保育を行う施設があり、幼保連携型認定こども園として認可を受けています。このような施設を登記するとき、種類はどのように判断すべきでしょうか。

POINT

不動産登記規則又は不動産登記事務取扱手続準則によれば、幼稚園の場合は「園舎」又は「校舎」として、保育所の場合は「保育所」として、それぞれ登記することになります。認定こども園は、幼稚園と保育所のそれぞれの機能を付加した施設であることから、「認定こども園」として登記しても差し支えないと考えられます。

解　説

1 建物の種類

（1）　不動産登記規則と不動産登記事務取扱手続準則による定め

建物の種類は、建物の利用形態を表すものであり、建物を特定する要素の一つとして登記事項とされています（不登44①三）。この建物の種類は、建物の主たる用途により、居宅、店舗、寄宿舎、共同住宅、事務所、旅館、料理店、工場、倉庫、車庫、発電所及び変電所に区分して定め、これらの区分に該当しない建物については、これに準じて定めるものとされています（不登則113①）。

また、不動産登記事務取扱手続準則80条1項では、校舎、講堂等の25の区分より建物の種類を定め、これにより難いときは、建物の用途

により定めるものとするとしています。

　このように、建物の種類は、不動産登記規則又は不動産登記事務取扱手続準則に例示されていますが、この例示に該当しない特殊な建物については、その建物全体の利用状況を考慮して定めることになります。この建物の種類を登記する趣旨は、その経済的価値を公示しようとするものではなく、飽くまで建物を特定するために登記されるものであるから、社会一般に通用する用語を用いて、的確に、かつ、合理的に定めなければなりません。

（2）　幼稚園、保育園の場合

　幼稚園及び保育園の建物の種類の定め方に関しては、不動産登記規則又は不動産登記事務取扱手続準則に掲げられている中で最も類似した種類は「校舎」と思われます。この校舎とは、学校教育法等による教育施設であり、学校の教室等の教育用の建物のことですが、同じ学校の施設でも講堂、体育館とは区別して取り扱われることになります。

　したがって、実務の取扱いは、幼稚園については「園舎」又は「校舎」とし、保育園については、「保育所」として取り扱われることになります（「質疑応答6447」登研438号97頁（1984））。

2　認定こども園の要件

　認定こども園とは、教育・保育を一体的に行う施設で、言わば幼稚園と保育所の両方の良さを併せ持っている施設です。以下の機能を備え、認定基準を満たす施設は、都道府県等から認定を受けることができます（就学前の子どもに関する教育、保育等の総合的な提供の推進に関する法律、いわゆる認定こども園法4、こども家庭庁HP「認定こども園概要」）。

① 　就学前の子どもに幼児教育・保育を提供する機能（保護者が働いている、いないにかかわらず受け入れて、教育・保育を一体的に行う機能）

② 地域における子育て支援を行う機能(全ての子育て家庭を対象に、子育て不安に対応した相談活動や、親子の集いの場の提供などを行う機能)

認定こども園であるか否かについては、認定通知書の有無を確認することで判断することができます。

また、施設整備に要する費用のうち、幼稚園機能部分に係る費用の一部についての補助金の交付を受けている場合もあり、そのような施設も認定こども園となります。

なお、認定こども園、幼稚園、保育園の違いは、以下のとおりです。

	認定こども園	幼稚園	保育園
対象年齢	0歳～6歳	3歳～6歳	0歳～6歳
所　轄	内閣府	文部科学省	厚生労働省
資　格	保育教諭 保育士 幼稚園教諭	幼稚園教諭	保育士
目　的	小学校入学前に「教育」と「保育」を行う	小学校入学前に「教育」を行う	小学校入学前に「保育」を行う

3　本事例の場合

建物の種類は、上記 1 のとおりであり、基本的に幼稚園の場合は「園舎」又は「校舎」として、保育所の場合は「保育所」として、それぞれ登記することになります。

本事例の認定こども園の場合は、的確、かつ、合理的に定めるという、種類を登記する趣旨から判断すると、「認定こども園」として登記して差し支えないと考えられます。

なお、認定こども園の登記をする際には、認定通知書の有無、補助金の交付申請の有無などを確認する必要があります。
　おって、建物の種類に関しては、不動産登記規則等に例示されている建物の種類の具体的な事例又は例示されていない種類を、各法務局、地方法務局において表示登記事務取扱規程等で例示している場合があるので、事前に管轄法務局と調整することが求められます。

> **MEMO**
>
> ◆認定こども園の形態
> 　認定こども園は、家庭の事情や地域の事情などに応じて選択ができるように、①幼保連携型、②幼稚園型、③保育所型、④地方裁量型の四つの種類に分けられています。どのタイプの認定こども園であるかは、認定通知書に記載されているため、登記申請の際にはどのタイプに区分されるかも参考にするとよいでしょう。
> 　なお、詳しくは内閣府のホームページを参照してください。

第5章 建物の種類

<参考：認定通知書の例>

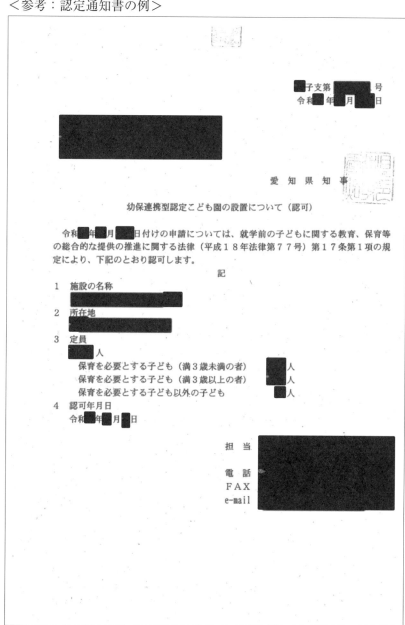

〔33〕 建物に個別に名称をつけている大規模工場の場合

　大規模工場内に多数の類似建物が存在しているため、各建物の入口に「管制塔」、「高温室」、「シャシーダイナモ室」、「自動耐久運転室」、「衝突試験場」などの施設としての名称が掲げられています。この大規模工場を1個の建物として登記する場合、各建物を明確に特定するためには、建物の種類をどのように登記すればよいでしょうか。

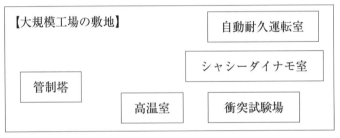

※呼称されている施設の名称

POINT

　建物の種類を、不動産登記規則等に例示されていない種類により定める場合には、社会通念上通用する的確かつ合理的な用語により定めることが必要です。

　一方、建物の種類が、建物を特定するために登記事項とされていることからすれば、類似の附属建物が多数あり、各附属建物を特定することが困難であるなど特別な事情がある場合には、附属建物の種類として、現地において各建物に掲げられている名称等を附属建物の種類とすることも考えられます。

```
┌─────────────────────────────────────────────┐
│ 不動産登記規則113条1項又は不動産登記事務取扱手続準則80条に該 │
│ 当する種類が定められているか                  │
└─────────────────────────────────────────────┘
         YES ↓                    NO ↓
┌──────────────────────┐  ┌──────────────────────┐
│ 不動産登記規則等に例示された │  │ 登記する種類により、当該建物が │
│ 種類により登記する       │  │ どのような用途に供されているか │
│                    │  │ 容易に判断できるか、法務局と協 │
│                    │  │ 議又は確認を要する        │
└──────────────────────┘  └──────────────────────┘
```

解 説

1 建物の種類

（1） 不動産登記規則等による取扱い

建物の種類は、建物の主たる用途により不動産登記規則等に例示された種類を登記しますが、これらによっても種類を定めることが難しい場合には、建物の用途により適当に定めるものとされています。

（2） 不動産登記規則等以外による建物の種類の登記

不動産登記規則等以外にも、通達や法務局又は地方法務局で例示されている建物の種類があります。

これらの例示によっても種類を定めることが難しい場合には、用途に応じた社会通念上通用する的確かつ合理的な用語により定めることもありますが、事前に管轄法務局と協議又は確認する必要があります。

2 建物の特定

（1） 建物を特定するための登記事項

建物の種類は、建物を特定するために登記事項とされていますが、建物の構造として登記される建物の構成材料、屋根の種類及び階数も

建物を特定するための重要な要素です（不登則114）。

　（２）　建物図面

　不動産登記令７条１項６号・別表12項は、建物の表題登記などに建物図面を添付することを定めています。

　また、不動産登記令２条５号には、建物図面は、「１個の建物の位置を明らかにする図面」と定義されており、主たる建物や附属建物を特定するために登記所に備え付けられています。

　（３）　建物の名称

　不動産登記法44条１項４号は、建物の名称があるときには、その名称を登記することができると定めています。

　建物の名称は、いずれも建物を特定するために登記事項とするものであるため、現地において、当該名称で当該建物を特定することができるような名称であることが必要であり、所有者が付した名称であっても、現地で客観的に特定することができないようなものは、「建物の名称」には該当しない、とされています（鎌田薫＝寺田逸郎編『別冊法学セミナーno.269　新基本法コンメンタール　不動産登記法〔第２版〕』145頁（日本評論社、2023））。

　ただし、建物の名称は、主たる建物には登記できますが、附属建物には登記できません。

3　大規模工場などにおける建物の特定

　通常、主たる建物や附属建物は、所在、建物の種類及び構造並びに建物図面により特定することができます。

　一方、大規模な工場については、数十棟もの附属建物が登記され、１か所に同規格の附属建物が複数棟あるなど、建物の種類及び構造と建物図面により附属建物を特定することが容易ではない場合がありま

す。

　このような場合、建物の名称が主たる建物の登記事項とされていることを考慮し、附属建物の種類を建物の名称により登記して差し支えないとも考えられます。

　一方、不動産登記規則等に定められている種類によって定めることが難しい場合には、「建物の用途により適当に定める」とされていること、また、建物の名称についても「現地において当該建物を特定することができるような名称であること」が必要であり、所有者が付した名称であっても、現地で客観的に特定することができないようなものは、「建物の名称」には該当しないとされていることからすれば、建物の入口に掲げられていることのみをもって当該名称を建物の種類として登記することは相当ではないと考えられます。

　したがって、不動産登記規則等に定められていない種類により登記する場合には、附属建物であっても、どのような用途に供されているのか容易に判断できるような種類により登記することが必要と考えられます。

　なお、不動産登記規則等に定められていない種類により登記する場合には、当該種類により建物がどのような用途に供されていると容易に判断できるか、登記を申請する前に管轄法務局と協議又は確認することが必要です。

4　本事例の場合

　本事例は、「管制塔」については「事務所」として、また、「高温室」、「自動耐久運転室」、「シャシーダイナモ室」及び「衝突試験場」については「研究室」として登記することが相当と考えられます。

第 6 章

建物の構造（屋根）

〔34〕 屋根にソーラーパネルを設置している場合

　スレートぶきの屋根に屋根全体の約30％となる部分に据置型のソーラーパネルが取り付けられている場合に、屋根の種類をどのように定めるのでしょうか。また、一体型のソーラーパネルの場合はどのように定めるのでしょうか。

POINT

　屋根に設置されているソーラーパネルには、「屋根一体型」と「屋根据置型」があり、「屋根一体型」のソーラーパネルが、屋根全体の30％を超える場合又は屋根の種類が3種類以上ある場合で屋根面積を種類数で除しておおむね平均値以上を占めるときには、「ソーラーパネルぶき」を含む屋根の種類として登記できると考えられますが、「屋根据置型」のソーラーパネルは、ソーラーパネルが設置されている部分が

屋根全体の30％を超える場合であっても、ソーラーパネルを据え置きされている屋根材が屋根の種類となるため、「ソーラーパネルぶき」として登記できないと考えられます。

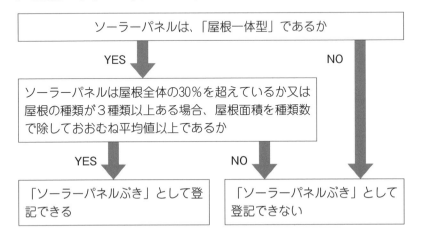

解　説

1　不動産登記規則等による取扱い

（1）　不動産登記規則114条による取扱い

不動産登記規則114条は、建物の構造として「建物の構成材料、屋根の種類及び階数」を登記事項とし、同条2号において区分した屋根の種類として「かわらぶき、スレートぶき、亜鉛メッキ鋼板ぶき、草ぶき、陸屋根」を例示しています。

（2）　不動産登記事務取扱手続準則81条による取扱い

不動産登記事務取扱手続準則81条1項2号は、不動産登記規則114条2号で示された屋根の種類のほか「セメントかわらぶき、アルミニューム板ぶき、板ぶき、杉皮ぶき、石板ぶき、銅板ぶき、ルーフィングぶき、ビニル板ぶき、合金メッキ鋼板ぶき」を例示しています。

また、同条２項は、「屋根の種類が異なる場合には、例えば「かわら・亜鉛メッキ鋼板ぶき」と表示する」としていますが、屋根の種類として登記できるのは、「床面積に算入する部分の屋根であること」、「床面積に算入する部分の屋根面積の30％以上であること」、「屋根の種類が３種類以上ある場合は、床面積に算入する部分の屋根面積を種類数で除して、おおむね平均値以上を占める部分であること」を要するとされています（昭63・３・24民三1826）。

2　太陽光発電装置

　太陽光発電装置は、太陽光パネルを屋根に設置しますが、設置方法として「屋根一体型」と「屋根据置型」があります。

（１）　屋根一体型

　屋根一体型は、屋根材の中に太陽電池セルを組み込んだ屋根自体が「ソーラーパネル」になっているものです。

（２）　屋根据置型

　屋根据置型は、屋根材の上に架台を設置し、その上に「ソーラーパネル」を設置するものです。

　なお、屋根が水平の場合には、架台で傾斜を作って「ソーラーパネル」を設置します。

（３）　建物と屋根

　不動産登記規則111条は、建物は「周壁及び屋根等を有するもの」と定めています。

　周壁及び屋根が、建物として基本的な機能である外気分断性を保持するものであることからすれば、周壁や屋根が撤去された場合には、外気分断性が失われ、建物ではなくなると考えられます。

（４）　ソーラーパネルが設置された屋根の取扱い

　ソーラーパネルが設置された屋根のうち「屋根一体型」は、ソーラ

ーパネルを撤去するためには、屋根そのものを撤去又はふき替えする必要があることから、ソーラーパネルが組み込まれた部分が屋根全体の30％を超える場合又は屋根の種類が３種類以上ある場合で屋根面積を種類数で除しておおむね平均値以上を占めるときには、屋根の種類を「ソーラーパネルぶき」、「スレート・ソーラーパネルぶき」、「かわら・スレート・ソーラーパネルぶき」などと登記します（民事法務協会編『表示登記教材　建物認定〔３訂版〕』283頁（民事法務協会、2008））。

　一方、「屋根据置型」は、ソーラーパネルを撤去しても屋根の機能は失われず、ソーラーパネルが据え置かれていた屋根材が屋根の種類となることから、ソーラーパネルが設置されている部分が屋根全体の30％を超えている場合であっても「ソーラーパネルぶき」を屋根の種類として登記することはできません。

3　本事例の場合

　本事例は、スレートぶきの屋根に「屋根据置型」のソーラーパネルが設置されていることから、屋根の種類は「スレートぶき」として登記すべきと考えられます。

第6章　建物の構造（屋根）　　149

〔35〕 周壁を覆っている特殊な樹脂シートにより一体施工されている屋根の場合

　周壁を覆っている特殊な樹脂シートにより一体施工されている屋根の種類は、どのように定めるのでしょうか。

POINT

　屋根の種類は、屋根の形状等を現地で確認するとともに、建築確認申請書などの書類に記載されている屋根の資材名や立面図により定められることになります。

　なお、不動産登記規則又は不動産登記事務取扱手続準則に該当する屋根の種類が示されていないなど、屋根の種類が判断できないときは、登記を申請する前に、管轄法務局に対して屋根の種類を確認する必要があります。

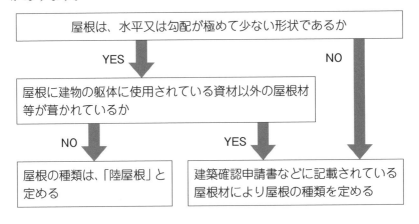

解　説

1　屋根の種類

　不動産登記規則114条2号及び不動産登記事務取扱手続準則81条1項2号に示されている屋根の種類は、陸屋根を除いて屋根に葺かれている建築資材により区分されています。

（1）陸屋根

　陸屋根とは、コンクリート造の建物の屋上のように、建物の上に蓋をしたような状態でコンクリートが打設されているだけで屋根板又は

屋根材が葺かれていない、形状が水平又は勾配が極めて少ない屋根とされています（「質疑応答6164」登研420号123頁（1982））。

また、陸屋根の多くは、塔屋などを設けて陸屋根の上を自由に移動できる構造となっています。

（2） 屋根に葺かれている建築資材による区分

陸屋根を除いた屋根の種類は、「かわら」、「亜鉛メッキ鋼板」、「スレート」など、屋根に葺かれている建築資材により区分されています。

なお、屋根が水平又は極めて勾配の少ない形状であっても、木造の建物など、スレートや杉板、杉皮が屋根材として葺かれている場合には、使用している屋根材により屋根の種類を定めることになります。

2 壁と同一建材の屋根

（1） 壁と一体構造の屋根

屋根と壁が一体となった構造の鉄筋コンクリート造の建物で、その形状が山形又は半球状で傾斜があれば、屋根の種類を「コンクリート屋根」として登記します（民事法務協会編『表示登記教材　建物認定〔3訂版〕』279頁（民事法務協会、2008））。

（2） 張力膜

軽量鉄骨などで骨格を作り、壁及び屋根の骨格部分に塩化ビニールなどの膜構造の特殊シートを張った建物は、同一建材ではあるものの壁と屋根は別構造であり、屋根の種類は「張力膜屋根」と登記します（民事法務協会編・前掲281頁）。

3 本事例の場合

本事例は、壁と屋根が別構造となっている建物ですが、壁及び屋根は、いずれも軽量鉄骨等の骨格に樹脂シートが張られており、屋根の勾配は少ないものの、軽量鉄骨等の骨格に樹脂シートを張った屋根で

あり、屋根の上を自由に移動できない構造であることから屋根の種類は「陸屋根」ではなく「張力膜屋根」と登記すると考えられます。

> **MEMO**
>
> ◆屋根の種類の判断
> 　新たな建設資材や製法を用いた屋根や、建築資材を製造する会社によって異なる商品名が用いられるなど、建築確認申請書に記載されている屋根材により屋根の種類を判断することが、困難な場合があります。
>
> ◆屋根の種類が登記事項とされている趣旨
> 　建物について屋根の種類を登記記録に公示する趣旨は、その経済的な価値を公示しようとするものではなく、建物の所在や家屋番号等と同様に、登記された建物を特定することにあります（枇杷田泰助＝吉野衛監『不動産表示登記入門〔第4版〕』96頁（金融財政事情研究会、1995））。
> 　したがって、屋根の種類は、客観的に一定の種類として判断できる範囲で記録することが望ましく、特定の商品名や新たな製品名を用いると登記記録が複雑になり混乱することから、できる限り材質等の代表的な名称を記録するなど登記記録の簡易化・統一化を図る必要があります（中村隆＝中込敏久監『新版Q&A表示に関する登記の実務　第4巻』301～308頁（日本加除出版、2008））。
>
> ◆屋根の種類について
> 　屋根の種類は、不動産登記規則及び不動産登記事務取扱手続準則で区分されたものによることが原則となりますが、法務局又は地方法務局でそれぞれ定めているものや日本土地家屋調査士会連合会「土地家屋調査士業務取扱要領」で例示しているものもあります。
> 　なお、該当する屋根の種類の判断に苦慮する場合には、事前に管轄法務局に協議又は確認することが必要と考えられます。

第 7 章

建物の床面積

第7章　建物の床面積　　155

〔36〕　建物の小屋裏部分には天井がなく、梁のみで形成されている場合

　小屋裏部分を床面積に算入するか否かを判断するに当たり、天井がなく、梁のみで形成されている場合（床面から梁までは1.4m、屋根までは1.7m）には、床面からの高さはどこまでの高さを計測して判断すべきでしょうか。

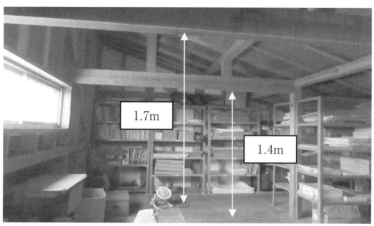

> POINT

小屋裏部分に天井がなく、梁のみで形成されている場合、床面からの高さは梁までの高さではなく屋根までの高さで計測し、床面積に算入するか否かを確認すべきと考えられます。

解説

1 建物の床面積の登記

建物の表示に関する登記においては、床面積が登記事項とされています（不登44①三）。この床面積は、各階ごとに壁その他の区画の中心線（区分建物にあっては、壁その他の区画の内側線）で囲まれた部分の水平投影面積により、㎡を単位として定め、1㎡の100分の1未満の端数は、切り捨てるものとされています（不登則115）。

建物の床面積の具体的な算定方法については、不動産登記事務取扱手続準則82条に定められています。

2 建物における小屋裏部分と床面積

小屋裏部分についての利用空間としては、断面的に見た場合、三角形又は台形に類する形となり、天井の高さが一定していないため、小屋裏部分のどこまでの範囲を床面積に算入すべきかが問題となります。また、小屋裏部分に生活空間としての十分な広さがあり、人貨滞留性が形成されていることも必要不可欠です。人貨滞留性を欠く小屋

裏部分については、建物性が否定され、床面積には算入されないことになります。

不動産登記事務取扱手続準則81条4項は、「天井の高さ1.5m未満の地階及び屋階等（特殊階）は、階数に算入しないものとする」と規定し、同準則82条1号本文では、「天井の高さ1.5m未満の地階及び屋階（特殊階）は、床面積に算入しない」と規定しています。これは、人間の身長を考慮すると、床面から天井までの高さが1.5mに満たない建造物の空間は、一般的には、その具体的な利用目的を考察するまでもなく、建物としての要件である「人貨滞留性」を欠くとの考えに基づくものと思われます。

したがって、いかに面積が広く、かつ、立派な内装工事を施していたとしても、その高さが1.5m未満である小屋裏部分は、利用状況がどのようなものでも階数及び床面積に算入しないこととなります。

なお、同準則82条1号ただし書にいう「1室の一部」については、おおむね半分以下が相当であり、1.5mに満たない部分が、その1室を利用する中で、他の部分と同様、又は他の部分を利用するための補完的な意味を有するものであれば、全体としてみれば、その一部分（1.5mに満たない部分）についても人貨滞留性が認められると判断され、床面積に算入する取扱いで差し支えないものと考えられます（昭46・4・16民事甲1527）。

3 本事例の場合

本事例は、天井のない小屋裏部分の床面から梁までの高さは1.5m未満ですが、屋根までの高さは1.5m以上あります。天井がなく梁のみの空間であれば、人貨滞留性が認められるだけの十分な生活空間が確保され、かつ、用途に従った空間であると思われ、小屋裏部分は床面積に算入することが相当と考えられます（不登準則81④・82(1)）。

〔37〕 同一フロアに小屋裏収納がある場合

2階の一つの空間の居室（天井高3.5m）に小屋裏収納があり、小屋裏収納部分の天井高は2.2mと、1.5mを超えています。小屋裏収納の下部部分は天井高1.3mと、1.5m未満で、居室部分と床が同一の高さであり、仕切りとなる扉はありませんが、取外し可能な襖となっています。このような場合は床面積に算入するのでしょうか。

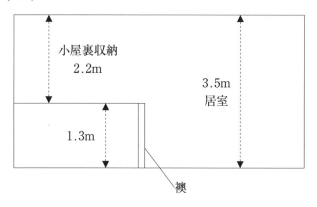

POINT

小屋裏収納の天井までの高さが1.5m以上ある場合には、扉等の仕切りがある場合であっても、床面積に算入するものと考えられます。

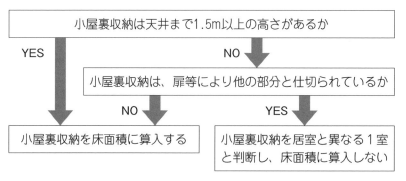

解　説

1　天井の高さ1.5m未満の階層の取扱い

（1）　不動産登記事務取扱手続準則の取扱い

不動産登記事務取扱手続準則81条4項は「天井の高さ1.5m未満の地階及び屋階等（特殊階）は、階数に算入しない」、同82条1号は「天井の高さ1.5m未満の地階及び屋階（特殊階）は、床面積に算入しない」と定めています。

これは、床から天井までの高さが1.5m未満の階層は、具体的な用途を考慮するまでもなく、建物の要件である人貨滞留性を欠くものとして、階数及び床面積に算入しないことを明確にしたものと考えられます。

（2）　通達による取扱い

不動産登記事務取扱手続準則81条4項及び82条1号が「地階及び屋階等（特殊階）」とした趣旨は、地階や屋階には天井が低いものが多いことから、単に例示したものと考えられます。

一方、昭和37年12月15日民事甲3600号が「中2階について天井の高さが1.5mを基準として階数を定める」としていることからすれば、地階や屋階ではない普通階であっても天井の高さが1.5mに満たないものは、階数及び床面積に算入しないものとして取り扱うことが相当と考えられます（中村隆＝中込敏久監『新版Q&A表示に関する登記の実務　第4巻』355頁（日本加除出版、2008））。

2　床面積の算出方法

（1）　不動産登記規則115条による取扱い

不動産登記規則115条は、床面積を算出する基準を「各階の壁その他の区画の中心線（区分建物にあっては、壁その他の区画の内側線）で囲まれた部分の水平投影面積」としています。

（2） 不動産登記事務取扱手続準則82条1号による取扱い

不動産登記事務取扱手続準則82条1号は「天井の高さ1.5m未満の地階及び屋階（特殊階）は、床面積に算入しない」と定め、ただし書において「1室の一部が天井の高さ1.5m未満であっても、その部分は、当該1室の面積に算入する。」としています。

このただし書における「1室の一部」については、おおむね半分以下が相当であり、1室の面積の半分以上を超える部分の天井の高さが1.5m未満であれば1室全体を床面積に算入しないこととして取り扱って差し支えないとされています（昭46・4・16民事甲1527）。

（3） 出窓の床面積への算入

不動産登記事務取扱手続準則82条11号は、出窓について「その高さ1.5m以上のものでその下部が床面と同一の高さにあるものに限り、床面積に算入する」としています。

出窓は、床面積を算出する基準である「壁その他の区画の中心線」の外側に設けられるものであり、原則として生活空間としての用途性に欠けるものの、「下部が床面と同一であって高さが1.5m以上ある」場合には人貨滞留性が認められることから、床面積に算入する取扱いとされたものです。

出窓には上部又は下部に物入れが設けられたものもありますが、物入れ部分を含めた部分の高さが1.5m以上あり、その下部（物入れが下部にある場合には物入れの下部）が床面と同一の高さにある場合には、出窓部分は床面積に算入する取扱いとされています（昭46・4・16民事甲1527）。

3 本事例の場合

本事例は、壁その他の区画の中心線に囲まれた2階の一部にある小

屋裏収納であり、下部の利用状況は不明であるものの、居室部分と床が同一の高さにあり、天井までの高さは1.5m以上あることから、床面積に算入することが相当と考えられます。

　出窓の床面積への算入と同様、下部も収納として利用されている場合に限って、床面積に算入することが相当とも考えられますが、出窓は、原則として生活空間としての用途性に欠け、「下部が床面と同一であって高さが1.5m以上ある」場合に人貨滞留性が認められ、床面積に算入する取扱いとされています。

　一方、壁その他の区画の中心線に囲まれた区画内にある小屋裏収納は、原則として生活空間として用途性を有することから人貨滞留性が認められ、天井までの高さが1.5m以上あれば下部の利用状況を考慮するまでもなく床面積に算入することが相当と考えられます。

　また、収納として利用されていることから、扉等により居室部分と仕切られていることが床面積への算入における判断要素とはならないと考えられます。

　小屋裏収納の天井までの高さが1.5m未満である場合には、扉等による仕切りがあることから小屋裏収納を居室とは異なる「1室」と判断し、床面積に算入しないこともあると考えられます。

　なお、小屋裏収納とその下部部分がいずれも1.5m以上ある場合には、小屋裏収納とその下部部分は別の階層として登記するものと考えます。

〔38〕 ビルの中で高層用エレベーターと低層用エレベーターが設置されている場合

　高層ビル等の高層用エレベーターと低層用エレベーターのように、一部の階層について扉や点検口がなくエレベーター室内部に出入りすることができない場合、エレベーター室部分の各階への床面積への算入について、どのように判断すればよいでしょうか。

POINT

　建物内部の壁等により密閉された空間であっても、その空間が建物としての用途や機能を有するのであれば、各階の床面積へ算入することが相当と考えられます。

```
┌─────────────────────────────────────────────┐
│ 建物内部にある他の生活又は居住空間と壁等により遮断された空間で │
│ あるか                                        │
└─────────────────────────────────────────────┘
        YES ↓                          NO ↓
┌─────────────────────────────────────────────┐
│ 壁等による密閉状態は仮設的な状態であり、簡易な工事によ │
│ り利用可能となる状態か                          │
└─────────────────────────────────────────────┘
        NO ↓           YES ↓
┌─────────────────────────────────┐
│ 当該空間は、エレベーター室、階段室、パイプ │
│ スペースなど、建物の一部として機能を有して │
│ いるか                          │
└─────────────────────────────────┘
     NO ↓          YES ↓
┌──────────────────┐  ┌──────────────────┐
│ 当該空間は、各階の床面積に │  │ 当該空間は、各階の床面積に算入す │
│ 算入しない          │  │ る                │
└──────────────────┘  └──────────────────┘
```

解　説

1　床面積の算出方法

（1）　床面積算出の原則

不動産登記規則115条は、床面積を算出する基準を「各階の壁その他の区画の中心線（区分建物にあっては、壁その他の区画の内側線）で囲まれた部分の水平投影面積」とし、「各階の壁その他の区画の中心線（区分建物にあっては、壁その他の区画の内側線）」より内側にある部分（建物内部）について、床面積へ算入することを原則として定めています。

（2）　床面積の算出における例外

不動産登記事務取扱手続準則82条は、不動産登記規則115条の床面

積の算出方法について具体的事例を示し、建物内部について床面積を算入しない場合として、同準則82条8号に「建物の一部が上階まで吹抜になっている場合には、その吹抜の部分は、上階の床面積に算入しない」と示されています。

なお、不動産登記規則及び不動産登記事務取扱手続準則には、吹抜け以外の建物内部の一部を床面積へ算入しない取扱いとする規定はありません。

（3）　いわゆる「開かずの間」の取扱い

建物の一部に、壁等により密閉され利用することができない、いわゆる「開かずの間」が設けられている場合があります。

「開かずの間」の床面積への算入に関する取扱いについては、法令や先例はないものの、床面積に算入する部分には、生活空間としての広さがあり、人貨滞留性がそこに形成されていなければならないことから、建物の一部が密閉されている場合には、その密閉部分が仮設的な状態であり、簡易な工事で容易に利用可能となると判断できる場合を除いて、床面積に算入しないと考えられます（中村隆＝中込敏久監『新版Q＆A表示に関する登記の実務　第4巻』339頁（日本加除出版、2008））。

2　エレベーター室の取扱い

（1）　不動産登記事務取扱手続準則82条6号及び10号による取扱い

不動産登記事務取扱手続準則82条6号は、「階段室、エレベーター室又はこれに準ずるものは、床を有するものとみなして各階の床面積に算入する」としています。

また、不動産登記事務取扱手続準則82条10号は、「建物の内部に煙突又はダストシュートがある場合（その一部が外側に及んでいるものを含む。）には、その部分は各階の床面積に算入し、外側にあるときは算入しない」としています。

第7章　建物の床面積

（2）　各階の床を有しない部分の取扱い

不動産登記事務取扱手続準則82条6号及び10号は、各階の居住又は生活空間の床と同一面に床を有しない部分の床面積への算入について取扱いを示したものです。

これらの取扱いでは、床面積への算入は、「床」の有無や「建物内部において密閉された部分であるか」などを基準とするのではなく、床のない部分や密閉された部分であっても、建物内部にある空間として用途性又は機能を有することを、床面積への算入基準としているものと考えられます。

3　本事例の場合

本事例のエレベーター室は、エレベーターの扉や点検口がなく、エレベーター室内部に出入りすることができない階層であっても、昇降機が移動するための建物内部の空間として機能を有することから、当該階層の床面積に算入すると考えられます。

〔39〕 商業施設内の吹抜けに接するエスカレーターがある場合

　ショッピングモール等の大規模商業施設において、エスカレーターが吹抜けに接している場合において、エスカレーターの部分は床面積に算入するのでしょうか。

POINT

　エスカレーターの床面積への算入の要否は、階段と同様に取り扱うこととなります。そのため、エスカレーターが吹抜けと接し、吹抜けの一部と判断できる場合には床面積に算入することはできませんが、吹抜けと接していない場合や吹抜けと接していても吹抜けの一部と判断できない場合には、床面積に算入することが相当と考えられます。

第7章　建物の床面積

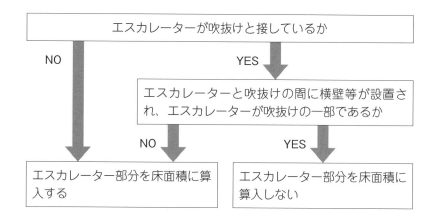

解　説

1 床面積の算出方法

（1）　床面積の算入基準

不動産登記規則115条は、建物の「各階の壁その他の区画の中心線（区分建物にあっては、壁その他の区画の内側線）」より内側にある部分（建物内部）は、床面積へ算入することを原則と定めています。

（2）　床面積へ算入しない部分

不動産登記事務取扱手続準則82条8号は、建物内部の床面積に算入しない場合として「建物の一部が上階まで吹抜になっている場合には、その吹抜の部分は、上階の床面積に算入しない」と示しています。

また、建物の一部に、壁等により密閉され利用することができないいわゆる「開かずの間」など建物の一部が密閉され、生活空間として利用することができず、人貨滞留性がそこに形成されていないと判断できる場合には、床面積に算入しないと考えられます（中村隆＝中込敏久監『新版Q&A表示に関する登記の実務　第4巻』339頁（日本加除出版、2008））。

すなわち、建物内部にある空間は建物の床面積に算入することが原則であり、「床のない部分」や「建物内部において密閉された部分」については、建物の一部としての用途又は機能を有しない場合に限って、床面積へ算入しない取扱いと考えられます。

2　階段の床面積への算入に関する取扱い

　階段の床面積への算入は、不動産登記事務取扱手続準則82条6号に階段室について規定されているのみであることから、吹抜けと接していないものの周壁等によって囲まれていない階段の取扱いが、各法務局又は地方法務局によって異なっていました。

　そこで、令和4年6月23日法務省民事局民事第二課補佐官事務連絡により具体例を示して階段の床面積への算入に関する取扱いが示されましたが、同事務連絡は、以下の取扱い等に基づいているものと考えられます。

（1）　不動産登記事務取扱手続準則82条6号による取扱い

　階段部分の床面積への算入については、不動産登記事務取扱手続準則82条6号に「階段室、エレベーター室又はこれに準ずるものは、床を有するものとみなして各階の床面積に算入する」と示されています。

　これは、「階段室」には床がないものの、下階と上階とを移動するための機能と用途を階段が有していることから、各階の床面積に算入することを示したものと考えられます。

（2）　「階段室」

　「階段室」については、具体的な構造や形状などは示されていませんが、「エレベーター室」と併記されていること、また、「各階の床面積に算入する」とされていることからすれば、「階段」を示しているのではなく、商業施設などにある非常階段のように、壁又は扉で四方を

第7章　建物の床面積

囲まれた複数階にわたる折り返し階段のみが設けられている空間を示しているものと考えられます。

このような「階段室」は、最下層の階層には「床」があるものの、上階以上には「エレベーター室」と同様に「床」がないことから、「各階」の床面積に算入する取扱いとしていると考えられます。

（3）建物内部の床面積に算入しない部分

不動産登記事務取扱手続準則82条は、建物内部又は外部の特殊な構造部分の床面積への算入について示していますが、建物内部については、「上階まで吹抜になっている場合」を除いて「各階の壁その他の区画の中心線（区分建物にあっては、壁その他の区画の内側線）で囲まれた部分の水平投影面積」を床面積に算入する取扱いとしています。

これは、吹抜けとなっている上階部分については、建物の一部として機能を有しないことから床面積に算入しない取扱いとしているのであり、同条10号の「煙突」や「ダストシュート」の取扱いも踏まえれば、建物内部については、建物としての用途又は機能の有無を基準として床面積への算入を判断する取扱いと考えられます。

（4）特殊な階段の床面積への算入に関する取扱い

店舗などでは、デザイン上の理由から蹴込み板や横壁のない踏み板に手すりを設けただけの階段が設置されることがあります。

このような階段については、吹抜けと接していない場合であっても、壁等により下階の生活空間と分断されていないことから、不動産登記事務取扱手続準則82条6号に示されている「階段室」を構成していないとして、上階の床面積には算入することができないとする考え方もあります。

しかしながら、建物内部については、不動産登記事務取扱手続準則82条には吹抜けのみが床面積へ算入しない取扱いと示されていること

と、同条に示されている他の事例によれば、建物内部の床面積への算入は建物としての用途性又は機能性の有無により判断することが相当であると考えられます。

したがって、階段は、下階と上階とを移動するための機能及び用途を有することから床面積に算入することが原則であり、下階の他の生活空間と分断されていないことを理由に床面積へ算入しないとすることはできず、例外的に吹抜けの一部と判断できる場合に限って床面積に算入しない取扱いとされているものと考えられます。

3 エスカレーターの床面積への算入について

（1） エスカレーターの取扱い

エスカレーターは、階段状のステップ（踏段）をチェーン等により回転させることによって、人を上階又は下階に移送する機械です。

不動産登記事務取扱手続準則82条には、エスカレーター部分の床面積への算入について具体的な取扱いが示されていないものの、建物内部の下階と上階を相互に移動するための機能を有すること、垂直方向に昇降機が移動する構造ではなく、階段状のステップが回転する構造であることから、「階段」と同様に取り扱うことが相当と考えられます。

したがって、エスカレーターが吹抜けと接し、吹抜けの一部と判断できる場合には床面積に算入しませんが、吹抜けと接していない場合や、吹抜けと接していても吹抜けの一部と判断できない場合には、床面積に算入する取扱いとなると考えられます。

（2） 吹抜けの一部と判断できる場合

吹抜けと接する階段については、階段と吹抜けの間に横壁が設けられている場合には、吹抜けの一部と判断することはできません。

階段と吹抜けを区分する横壁については、壁の材質や高さについて

明確な基準はなく、個別の事案について判断することになるため、事前に登記官に対して確認する必要があると考えられます。

4　本事例の場合

　本事例は、エスカレーターが吹抜けに接していることから、横壁等が設けられ、吹抜けの一部と判断できない場合には床面積に算入することができますが、横壁等がなく、吹抜けの一部と判断できる場合には、床面積には算入することはできないと考えられます。

〔40〕 躯体工事のみで引き渡された建物の地下にある階層が、将来、店舗として利用される予定である場合

　高層ビルの引渡しが完了しましたが、地下にある階層について躯体工事のみ終えた状態で引き渡されています。地下にある階層は、店舗として利用することが予定されていますが、同階層は、建物の階層及び床面積に算入するのでしょうか。

POINT

　床や壁などの内装工事が未了であっても、当該部分は階層及び床面積に含めて登記することが相当と考えられます。

　なお、地階又は屋階の内装工事が未了であって、他の階層と往来が困難である場合には、階層及び床面積に含めないとも考えられます。

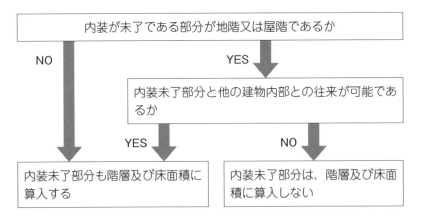

解　説

1　建物の要件

（1）　不動産登記規則111条による取扱い

不動産登記規則111条は、建造物が、「屋根及び周壁又はこれらに類するものを有すること」、「土地に定着していること」、「目的とする用途に供し得る状態にあること」を登記することができる建物の要件として定めています。

（2）　建物の用途性

建造物が目的とする用途に供し得る状態にあるとは、一定の生活空間及び人貨の滞留性を有していること、すなわち、外部から遮断され、居住や業務をすることや、物を貯蔵できる空間であることが必要とされています。

一方で、床や天井がなくても、土地に定着した屋根及び周壁を有する建造物であり、目的とする使用に適当な構成部分を具備すれば建物として登記することができます（昭24・2・22民事甲240）。

（3）　スケルトン・インフィル分譲住宅

スケルトン・インフィル分譲住宅とは、マンション等の一部の専有部分について内装工事が未了のままで分譲し、購入者が内装業者等に委託して居宅として完成させる建物です。

スケルトン・インフィル分譲住宅については、建築基準法6条の確認申請書及び同法7条の検査済書、仮使用承認通知書、工事完了引渡証明書等に、購入者が内装工事を行う部分（スケルトン部分）の記録があり、かつ、その部分を「居宅」とする旨の記録があるものについては、建物としての認定のほか、当該区分建物が居宅として利用される蓋然性が極めて高いとして、建物の種類を「居宅（未内装）」として

表題登記をすることが認められています（平14・10・18民二2474）。

詳細は、〔1〕を参照してください。

2 内装工事が未了の建物の床面積

不動産登記規則115条は、建物の床面積は、各階ごとに壁その他の区画の中心線で囲まれた部分の水平投影面積により定めるとしています。

一方、天井の高さが1.5m未満である地階及び屋階について、不動産登記事務取扱手続準則81条4項が階層に、同82条1号が床面積に算入しないと定めていますが、これは、天井の高さが1.5m未満の空間は、生活空間として利用するための人貨滞留性を有していないためと考えられます。

内装工事が未了の部分は、周壁に囲まれているため建物の一部として見られるものの、建物として利用するための必要な空間や設備が備わっていないことから、生活空間としてどのように利用されるか判断できないものの、他の部分と自由に往来できる場合には、人貨滞留性を欠くとまではいえないため、階層又は床面積に算入することが相当と考えられます。

3 本事例の場合

本事例は、躯体工事が完了していることから、土地への定着性や屋根及び周壁がある建物と思われます。

また、店舗として利用する予定であることから、上下水道の設備も備え付けられており、店舗として利用する者が、購入又は賃貸借契約後に内装工事を行うものと思われます。

したがって、地下への階段やエレベーターなど、地上部分から地下へ移動するための設備がなく、地上部分と地下部分がコンクリート等により封鎖されているなどの事情がない限り、地下についても階層として構造を登記し、床面積にも算入しても差し支えないと考えられます。

> **MEMO**
>
> ◆本事例における建物の種類
> 　建物が区分建物である場合には、専有部分の種類を「店舗」として登記しますが、区分建物でない場合には、地下以外の部分により建物の種類を登記することになると考えられます。

〔41〕 地上に駐輪場の入り口があり、地下最下層にのみ自転車置場がある機械式自転車置場の場合

　1階に自転車の搬入口があり、地下4階に自転車の溜まり場がある機械式自転車置場があります。地下1階から地下3階部分は、吹抜けとなっている部分に自転車搬送機械が通過するための空間が壁等によって囲まれており、自転車搬送機械は停止せず、出入りすることもできません。

　このような場合において、地下1階から地下3階の床面積に自転車搬送機械のみがある空間の部分を算入するのでしょうか。

POINT

　自転車搬送機械が壁等により密閉された空間であれば、建物としての用途や機能を有することから、各階の床面積へ算入することが相当と考えられます。

第7章　建物の床面積　　　177

```
         吹抜けにある自転車搬送機械が壁等により囲まれているか
         YES ↓                          NO ↓
```

自転車搬送機械が移動する空間は、各階の床面積に算入する

自転車搬送機械が移動する部分は、吹抜けの一部であるため各階の床面積には算入しない

解　説

1 機械式自転車置場における床面積の取扱い

　自転車搬送機械によって地下に自転車を置く機械式自転車置場は、エレベーターと同じ構造であることから、床面積の算入についてはエレベーター室と同様の取扱いをします。

　不動産登記事務取扱手続準則82条は、不動産登記規則115条の床面積の算出方法について具体的事例を示し、建物内部について床面積を算入しない場合として、同準則82条8号に「建物の一部が上階まで吹抜となっている場合には、その吹抜の部分は、上階の床面積に算入しない」と示されています。

　不動産登記事務取扱手続準則82条6号は、「階段室、エレベーター室又はこれに準ずるものは、床を有するものとみなして各階の床面積に算出する」としています。

　また、不動産登記事務取扱手続準則82条10号は、「建物の内部に煙突又はダストシュートがある場合（その一部が外側に及んでいるものを含む。）には、その部分は各階の床面積に算入し、外側にあるときは算入しない」としています。

　なお、詳細は〔38〕を参照してください。

2 本事例の場合

　本事例は、自転車搬送機械のみがある空間が壁等によって囲まれており、吹抜けの一部と判断できない場合には、エレベーター室と同様に取り扱い、扉や点検口がなく、内部に出入りすることができない階層であっても、自転車搬送機械が移動するための建物内部の空間として機能を有することから、地下1階から地下3階の床面積に算入するものと考えられます。

　なお、自転車搬送機械が壁等によって囲まれていない場合には、吹抜けの一部を自転車搬送機械が移動することから、自転車搬送機械がある部分についても吹抜けと判断して各階の床面積には算入しないものと考えられます。

第 8 章

建物の同一性

〔42〕 登記記録と一致しない建物がある場合

　先祖代々受け継がれてきた土地上に建っている数棟の建物について、登記記録の内容と一致しない建物があることが判明しました。この場合、どのような申請が必要になるでしょうか。

POINT

　現存する建物の外観だけでは登記記録上の建物の存在・不存在や同一性を判断できないものもあるため、各種資料や現地の確認、依頼者からの聞き取りなど、建物を特定するために慎重に確認した上で、滅失登記や表題部の変更の登記、建物の所在地番の変更・更正の登記を申請することになると考えられます。

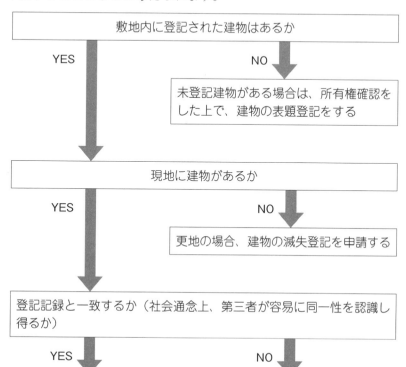

別個の建物として表題登記を申請する

増改築等の履歴がなく、所在地番も一致している場合は、申請は不要である（事例としては少ない）
※増改築の履歴がある場合は、表題部の変更の登記を申請する
※所在地番が異なる場合は、建物の所在地番の変更・更正の登記を申請する

解　説

1 昭和初期に建築された建物をめぐる諸問題

　先祖代々から受け継がれた土地上の建物の中には、昭和初期に建てられたものも少なくありません。これらが登記されている場合、新築年月日などの記載はなく、昭和25年以降に実施された一元化（旧土地台帳と登記簿の一元化作業のこと。現在の登記記録の表題部に相当するものは、土地台帳や家屋台帳として税務署で管理されていましたが、その後、固定資産税を市町村が課すこととなったことに伴い、それらの台帳は法務局が管理することになりました。）前に登記された建物だと、家屋番号も敷地地番と異なるものも存在します（例：50番地の土地上の家屋番号120番の建物）。また、附属建物についても、炊事場、浴室など種類ごとに符号されたものもあるため、現地での特定は困難を極めます（1棟の建物でも、種類ごとに附属建物として登記されたものもあります。）。

　したがって、登記記録の内容と現状の建物が一致しているかについて確認するには、現存する建物と既登記建物とを照合し、どの建物が登記記録上のどの建物に該当するかを判別する必要があります。

第8章　建物の同一性

2　建物の不存在をめぐる取扱い

　初めから実在しない建物の登記がある場合、その解消のための登記手続について法令上明文はありませんが、実務では不存在を原因として建物の滅失の登記（不登57）に準じて建物の表題登記の抹消を申請する取扱いとなっています（昭36・9・2民事甲2163）。不存在を原因とする建物の表題登記の抹消の登記の申請人は、滅失の登記に準じて当該建物の表題部所有者又は所有権の登記名義人となります（不登57）。

　建物の不存在が疑われる場合は、建物の滅失のほか、以下のような原因があり、原因に応じた登記手続を行うことになります。

① 　過去に建物が存在していたこと及びその建物の取壊し等の滅失の原因が明らかになった場合は、滅失の登記を申請する（不登57）
② 　増築等により建物の形状に変更が生じ、かつ変更前後の建物に同一性が認められる場合は、表題部の変更の登記を申請する（不登準則84、不登51①・44①三）
③ 　建物がえい行移転されたことにより建物の所在地番に変更が生じていた場合は、所在地番を変更する表題部の変更の登記を申請する（不登準則85②、不登51①・44①一）
④ 　建物敷地に分筆又は合筆があったことにより、建物の所在地番に変更が生じていた場合には、所在地番を変更する表題部の変更の登記を申請する（不登51①・44①一）
⑤ 　建物の所在地番が当初より誤って登記されていた場合において、更正前後の建物に同一性が認められる場合は、建物の所在地番の更正の登記を申請する（不登53①・44①一）。一方で、更正前後の建物に同一性が認められず、所在の更正が許容される限度を超える場合は、当該建物を不存在として表題登記の抹消を申請する（昭43・9・26民事甲3083）

3　建物の同一性の基準

　一般的に、建物の同一性が認められるか否かは、建物の物理的な状況、利用目的、取引上の価値、機能性等を総合的に判断した上で、新旧の建物の材料、構造、改造工事の規模の異同に基づいて、社会通念上同一であるかを基準に判断されています（最判昭50・7・14判時791・74）。例えば、既登記建物の一部を取り壊して増築工事を行った場合については、一般的に既存建物がその工事の過程で社会通念上の独立した建物としての機能を失わずに、新たな建物の主たる部分を構成している限り、改修部分は既存建物に付合（民242）しているとみなされ、建物としての同一性が認められるとされています。

4　本事例の場合

　本事例は、先祖代々から受け継がれた土地の上に数棟の建物があるケースであるため、現存する建物の外観だけでは登記記録上の建物の存在・不存在や同一性の判断は難しく、各種資料や現地の確認、依頼者からの聞き取りなどを行い、その結果や原因に応じて、滅失の登記や表題部の変更の登記、建物の所在地番の変更・更正の登記を申請することになると考えられます。

　まずは、各種資料による確認を行います。敷地内の既登記建物全ての証明書に加えて、課税されている建物を市役所、区役所、役場で確認します（固定資産の名寄帳、配置図面など）。その後、家屋番号の記載から名寄帳に記載されている建物のうち登記されている建物を抽出します。

　次に、現地調査を行います。法務局に保存されている建物図面がある場合は、その図面に基づいて、登記されている建物が現存しているかどうか、増改築が行われた履歴や形跡はあるか、建て替えはされていないかなどを確認します。登記情報、名寄帳や建物配置図とは異なる部分については、依頼者からも聞き取りを行い、それらから得られ

た情報に基づいて、必要な登記手続をすることになります。

　現存する建物と既登記建物の照合を、いかに正確に行うかが求められますので、調査不足により、現存している建物を滅失登記してしまった場合、滅失回復登記を行うことになってしまうため、これは絶対避けなければなりません。

　また、滅失登記をする建物に抵当権などの担保権が設定されていた場合、当該抵当権者を確認し、金融機関であれば担当者に滅失登記をする旨の連絡をし、滅失登記の了解を取り付けることが必要となります。裁判例では、登記記録上に抵当権設定登記等の当該建物を目的とする権利があったとしても、表題登記の抹消をすることについての抵当権者等の承諾（同意）は不要であり、法令上も実務上も抵当権者の承諾書を添付する必要はないとした事例もありますが（大阪高判昭36・10・18下民12・10・2487）、土地家屋調査士が滅失登記を申請する際に添付する調査報告書には、抵当権者に説明した旨を記載すべきと考えられます。その場合、調査報告書には、「令和○年○月○日、抵当権者である金融機関○○の××支店担当者△氏に滅失登記について説明し、登記することについて了解を得た」旨の記載をします。

　以上のように、現存の建物との同一性を確認するには、名寄帳と建物配置図を利用して、家屋番号が記載された建物が建物配置図のどの建物に該当するかを面積などで確認し、現地にて種類、構造などを確認し、特定していくこととなると考えられます。

MEMO

◆建物の取壊しの確認
　現存している建物が課税上は未登記建物として記録されていても、既登記建物である可能性は否定できないため、全ての既登記建物が本当に取り壊されているかについては、慎重に判断することが求められます。

〔43〕 改築工事で屋根と壁は撤去したが、建物の骨材を残して新しく屋根、壁工事を施工した場合

建物の改築工事において、建物の骨材は残したまま、屋根と壁を撤去し、新しく屋根、壁工事を施工しました。このような場合、施工前の建物と施工後の建物は同一の建物といえるのでしょうか。

POINT

屋根又は壁が撤去され外気分断性を要しない状態となったとしても、建物の改築工事に伴う一時的なものであれば、建物の要件を失ったとは判断できないものと考えられます。

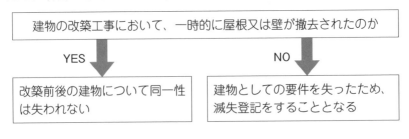

解説

1 建物の認定基準

不動産登記規則111条は、登記することができる建物について、「土地に定着した建造物であること（定着性）」、「目的とする用途に供し得る状態にあるもの（用途性）」及び「屋根及び周壁又はこれらに類するものを有すること（外気分断性）」と定めています。

したがって、原則として、定着性、用途性又は外気分断性を欠く建造物は、建物として登記できないと考えられます。

第8章　建物の同一性

2　増改築等に伴う建物の同一性の判断

（1）　用途性について

店舗を居宅や、居宅を事務所に変更するためには、内装や設備を変更する必要がありますが、壁紙の張り替えや、室内設備を取り外した場合には、一時的に店舗や居宅又は事務所としての利用に供することができない状況が生じるものの、建物の滅失や新築の登記ではなく、改装前の種類から改装後の種類に変更する登記を申請することになります。

（2）　定着性について

建物のえい行移転は、既存の建物を解体することなく基礎とともにそのまま別の場所に移転することであり、この場合も、建物の滅失や新築の登記ではなく、えい行移転を原因とした建物の所在の変更の登記を申請することになります。

（3）　増築及び一部取壊し

下図のように、既存の建物の一部(A)を取り壊した場所に増築し(B)、その後に既存の残った部分(C)を取り壊し、新たな建物を増築した場合、一連の工事によって既存の建物は全て取り壊されて新たな建物が建築されることになります。

この場合、既存の建物と新たな建物を別の建物として、既存の建物の滅失と新たな建物の表題登記を申請するのではなく、既存の建物について増築及び一部取壊しによる建物の表示変更の登記を申請することになるものと考えられます。

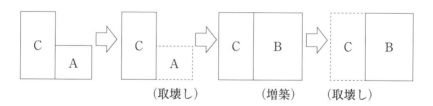

3 本事例の場合

　本事例は、壁及び屋根の撤去が建物の一連の改築工事で行われ、また、壁の張り替え及び屋根の葺き替えに伴い一時的に撤去されたことからすれば、種類の変更やえい行移転と同様に建物の要件を喪失したと判断することはできないため、改築工事の前後における建物は、同一の建物と判断することが相当と考えられます。

　なお、壁又は屋根の撤去が建物の一連の改築工事で行われたものではなく、壁又は屋根のない状態が相当な期間継続する場合には、壁又は屋根のない状態にある間に滅失登記を申請しなければならないと考えられます。

〔44〕 建物の所有者ではない者が出資して増築した場合

父親所有の既登記建物（居宅）に息子が出資して増築をしました。この場合、どのように登記申請をすればよいでしょうか。

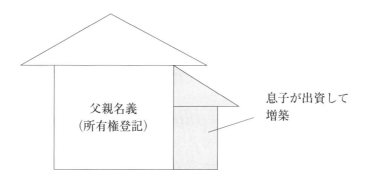

POINT

既登記建物と増築部分が建物として分け隔てなく一体利用できる場合は、付合（民242）している建物として取り扱うものと考えられます。

なお、増築を原因とする表題部の変更登記の申請人は、既登記建物の所有者である父親であることに留意が必要です。

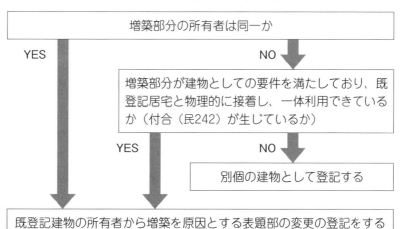

解　説

1　付合とは

　不動産の付合について、民法では「不動産の所有者は、その不動産に従として付合した物の所有権を取得する。ただし、権原によってその物を附属させた他人の権利を妨げない。」と規定しています（民242）。所有者を異にする二つ以上の物が結合したことにより、物理的又は社会経済的に見て分離することが不可能であるか、又は分離に過分の費用を要し分離することが不相当と見られる状態になったことをいうものです。

2　付合の判断基準

　建物の増築における付合については、増改築部分が独立の建物と同一の経済上の効力を全うし得る場合以外は付合が生じるとされており、その判断に当たっては、社会通念上の経済的利用の独立性の有無が基準になるとされています（最判昭35・10・4判時244・48）。つまり、既設建物と基礎あるいは共有する柱や梁が利用上・構造上一体化している、各々の建物間を往来できること等、別個の建物と認定できない場合であれば、付合していると判断することができます。

　なお、既登記建物の所有者以外が増築部分の資金を出資している場合、出資資金に応じて持分（所有権）の問題が生じますが、既登記建物の所有者が構造及び床面積について表題部の変更の登記を申請後、双方の合意により所有権の一部を移転し、共有の建物とすることは可能とされています（「質疑応答7343」登研540号170頁（1993））。

3 付合していない場合

建築基準法上、種別増築で建築確認申請されているものの、基礎・構造上別個の建物と認定せざるを得ない場合もあり得ます。その場合、所有者が異なることになるので、独立した別の建物として表題登記を申請することとなります。

4 本事例の場合

本事例は、既登記居宅に接着する形で増築されていることから、父親の所有する建物と増築部分は付合（民242）が生じていると考えられます。そのため、増築に伴う表題部の変更の登記は、既登記住宅の所有者である父親が申請することになります。

なお、建物の表題部の変更登記の後は、父親が所有権登記名義人であることから、父親と息子の合意をもって所有権の一部を移転する登記を申請することになります（「質疑応答7343」登研540号170頁（1993））。持分の割合は、父親名義の増築前の建物評価額等と息子が増築によって提供した資金の比率により、増築後の建物全体に対する持分を当事者で決定することになります。

> **MEMO**
>
> ◆登録免許税の算出
> 所有権一部移転登記に掛かる登録免許税を算出する際は、増築部分の構造及び床面積を明示できる図面を作成することが必要になります。具体的には、各階平面図に増築部分を明示することが考えられます。
> なお、増築が複数回にわたる場合には、その増築部分及び所有者の確認に注意を要しますが、特に、建築確認申請書や建築請負引渡証明書、固定資産税納税証明書等を調査し、増築部分の所有者を確認することになります。

〔45〕 工期が分かれている大規模建物について、未完成であるが利用可能な一部を登記する場合

　工期が２期に分かれている大規模建物（病棟）について、一部利用可能な状態であり、全体工事完成前に利用可能な部分について、登記をすることができるでしょうか。

POINT

　マンション、病院、学校など大規模な建築工事においては、着工から完成まで複数年の年月を要する建物が存します。これらの建物については、建築主事等から仮使用認定を受け、一部を利用することがあります。その場合、建物としての要件を満たしている場合には、仮使用認定書を添付した上で、建物の用途性（種類）を特定し、建物の表題登記をすることができると考えられます。

　なお、全体工事完了後に増築を登記原因とする表題部の変更の登記をすることになると考えられます。

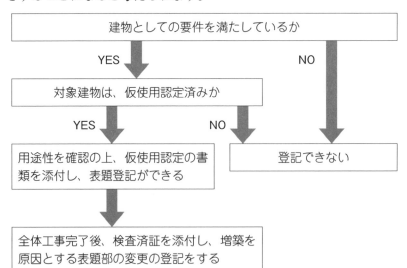

第8章　建物の同一性

解　説

1　未完成の建物の登記

　不動産登記の対象となる建物であるためには、不動産登記規則111条に規定する建物の3要件（定着性、外気分断性、用途性）に加え、社会通念上、不動産としての取引性があることが求められています。これらの要件を具備しているのであれば、建物の表題登記をすることができます。

　そのため、建物としての認定基準である3要件を満たし、取引性があることが認められれば、完成前であっても、一部のみ利用可能な状態の建物であれば、建物の表題登記をすることができます。

2　本事例の場合

（1）　建物の用途性（種類）の特定

　仮使用の認定を受けた建物の登記に際しては、建物の用途性（種類）の特定について検討する必要があります。

　例えば、病院の場合は、診察・診療に係る什器・機器類や病床設備が設置され、患者の受入れ態勢が整っている等、社会通念上、病院としての機能が仮使用認定箇所だけで充足されていると判断できれば、建物の種類は「病院」となります。

（2）　全体的な工事の完了後

　仮使用認定を受け、完成前に表題登記を行った建物については、全体の工事が終了して完成した場合に、改めて増築を登記原因とする表題部の変更の登記を行う必要があります。この段階では、建築基準法上の完了検査を終え、検査済証が発行されることがほとんどですので、それを添付して、表題登記された仮使用承認部分の増築（原因日付は検査完了日）として表題部の変更の登記を行うこととなります。

（3）本事例の場合

本事例は、2期工事に分かれた病棟であり、仮使用認定を受けるための書類が揃い、病院としての設備什器や入院施設も整っており、診療や入院についても始めていたことから、建物の表題登記を申請することができると考えられます。

なお、2期工事完了後には、検査済証を添付して増築に伴う表題部の変更の登記申請をすることになると考えられます。

> **MEMO**
>
> ◆仮使用の認定
>
> 　仮使用の認定とは、工事中の建築物において、検査済証の交付を受けるまでの建築物の使用を原則禁止と制限した上で、一定の状況（特定行政庁、建築主事又は指定確認検査機関が安全上、防火上、避難上支障がないと認めたとき）の下で仮に使用ができることとしています（建基7の6）。仮使用承認準則（昭53・11・7住指発805）では、審査方針等や承認基準が明記されています。その内容は、以下のとおりです。
> ① 建築物の使用状況等を勘案して総合的な見地から判断すること
> ② 安全計画において、十分でないと認められる場合においては、必要に応じて、報告を求める等所要の措置を講ずること
> ③ 仮使用期間が著しく長くなることは、工事中の建築物の安全の確保が図れないおそれがあるため、仮使用を承認する期間は、原則として、3年以内とすること

第8章 建物の同一性

〔46〕 表題登記のある建物の附属建物を主たる建物から分割して1個の建物とする場合

親が所有権の登記名義人として登記されている建物について、附属建物として登記されている離れを増改築して、子ども夫婦が居住する居宅として使用することになりました。

附属建物の離れの増改築費用を子どもが拠出する場合、どのように登記をすべきでしょうか。

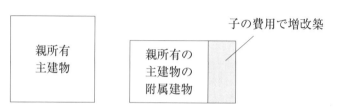

POINT

増改築により、離れとして登記されている附属建物の種類、構造又は床面積に変更が生じた場合には、変更が生じた日から1か月以内に建物の表題部の変更登記をしなければなりません（不登51）。

また、離れが独立した1個の建物として登記できる場合であって、所有者が別の建物として登記する意思があるときには、離れを附属建物から別の1個の建物とする建物の分割の登記を申請することになると考えられます。

なお、分割した建物について、所有者又は所有権の持分に変更が生じている場合には、必要に応じて、建物の分割の登記後に、所有権の移転の登記を申請することになると考えられます。

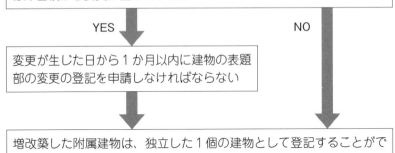

1 附属建物

(1) 附属建物

　不動産登記事務取扱手続準則78条1項は、「効用上一体として利用される状態にある数棟の建物は、所有者の意思に反しない限り、1個の建物として取り扱うものとする」としています。

　これは、物理的に独立した数棟の建物が一体となって利用され、相互に建物としての効用を高めている状況にある場合には、これらの建物は一体となって取引されることから、登記上も1個の建物として取り扱うことが合理的であるからです。

　詳細は、〔19〕を参照してください。

（2） 離　れ

　離れとは、居宅として登記されている主たる建物とは別に建てられた、寝室や勉強部屋、書斎などとして利用することを目的とした建物です。

　主な日常生活は、主たる建物である母屋で営み、家族の一部が、日常生活の一部を行うための部屋のある離れは、台所や便所、浴室を備えていない建物が多く、人が居住するための居宅として必要な機能を備えていない場合には、従属的附属建物として取り扱われます。

2　建物の分割

（1）　不動産登記法54条1項

　不動産登記法54条1項1号は、表題登記のある建物の附属建物を当該表題登記のある建物から分割して登記記録上別の1個の建物とする登記を建物の分割の登記と定めています。

　また、建物の分割の登記は、表題部所有者又は所有権の登記名義人以外の者は、申請することができない（不登54①）と定めています。

（2）　不動産登記事務取扱手続準則78条

　不動産登記事務取扱手続準則78条は、効用上一体として利用される状態にある建物であっても、所有者の意思によって、別個の建物として取り扱うことができるとしています。

　なお、1個の建物として登記することができない従属的附属建物については、所有者の意思によっても主たる建物から分割することはできないと考えられます。

3　本事例の場合

（1）　附属建物の変更登記

　離れを増改築した結果、登記されている附属建物の種類、構造又は

床面積から変更が生じた場合には、表題部所有者又は所有権の登記名義人は、変更が生じた日から1か月以内に附属建物の変更の登記を申請しなければならないとされています（不登51）。

(2) 建物の分割の登記

離れの多くが、居宅として必要とされる機能の一部を有していない従属的附属建物であることからすれば、離れを従前の主たる建物から分割して1個の建物として登記するためには、台所、便所などの居宅として最低限必要な機能が備えられていることを要すると考えられます。

本事例は、子ども夫婦が居住する居宅として使用することから、独立した1個の建物として登記することができる建物となることから、建物の分割の登記をすることができると考えられます。

なお、分割した建物について、増改築前の離れに係る親の所有権の持分と増改築費用を拠出したことにより子どもが取得した建物所有権の持分に応じた、所有権の移転の登記を申請する必要があると考えられます。

> **MEMO**
>
> ◆従属的附属建物の分割
>
> 本事例のように附属建物の増築費用を建物の所有権の登記名義人以外の者が負担した場合や、附属建物の一部を売却する場合に、建物の分割の登記を申請します。
>
> 不動産登記事務取扱手続準則78条が、効用上一体として利用されている建物は、所有者の意思に反しない限り、1個の建物として取り扱うとしていること、また、不動産登記法54条1項が、建物の分割の登記は表題部所有者又は所有権の登記名義人以外の者が申請することができないと定めていることから、附属建物を分割して別の1個の建物とすること

は、建物の所有者の意思によると考えられます。
　しかしながら、解説中でも説明したとおり、附属建物には、主たる建物の効用を助けるためだけにあり、主たる建物とは別に取引の対象となることのできない従属的附属建物があることから、この従属的附属建物は、たとえ所有者に別個の建物として登記する意思があったとしても、そもそも独立した1個の建物として登記することができないため、建物の分割の登記はすることができません。

〔47〕 表題登記のある区分建物をこれと接続する他の区分建物と合体又は合併する場合

　親の世帯が居住する居宅部分と子ども世帯が居住する居宅部分がそれぞれ区分建物として登記されている二世帯住宅を、建物内部で自由に往来できるように改築する予定です。
　改築後、どのような登記を申請すべきでしょうか。

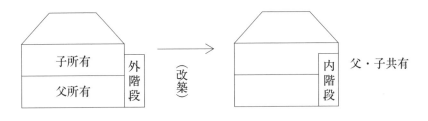

POINT

　改築により1階部分と2階部分が構造上独立していないと判断できる場合には、建物の合体の登記により2個の区分建物を区分建物ではない1棟の建物として登記をすることになると考えられます。
　また、改築によっても1階部分と2階部分が構造上独立していると判断できるものの、各建物の所有権の登記名義人が、改築後の建物を区分建物ではない1棟の建物とする意思を有している場合には、1階部分と2階部分の区分建物の所有権の登記名義人を同一の者とするか、1階部分と2階部分の床面積の比率に応じた持分とする共有とした上で、建物の合併の登記をすることになると考えられます。

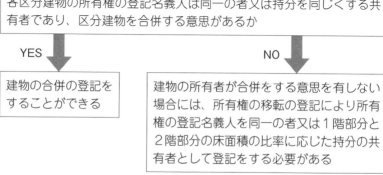

解　説

1　一物一権主義

(1)　原　則

民法は、一つの物には、同じ内容の物権は一つしか成立せず、1個の物権の客体となるのは1個の独立した物のみであるとする一物一権主義を原則としています。

(2)　例　外

不動産は物である（民86）ことから、土地や建物についても原則として1筆の土地又は1個の建物には、同じ内容の物権は1個しか成立せず、また、土地や建物の一部に同じ内容の異なる物権が複数成立する

こともありません。

　しかしながら、建物については、民法の原則である一物一権主義について例外が認められています。

　　ア　区分建物

　建物の区分所有等に関する法律は、1条において「1棟の建物に構造上区分された数個の部分で独立して住居、店舗、事務所又は倉庫その他建物としての用途に供することができるものがあるときは、その各部分は、この法律の定めるところにより、それぞれ所有権の目的とすることができる。」と定め、1個の物である1棟の建物の一部に、異なる複数の所有権が成立することを認めています。

　　イ　附属建物

　不動産登記事務取扱手続準則78条1項は、効用上一体として利用される状態にある数棟の建物について、所有者の意思に反しない限り、1個の建物として取り扱うとしています。

　これは、一物一権主義において、1個の物権の客体は一つの独立した物とされているところ、附属建物は、主たる建物から独立した建物ではなく、主たる建物と一体となった1個の建物として取り扱うためであり、一物一権主義の例外というわけではありません。

2　区分建物

　1棟の建物を区分建物とするためには、構造上区分された数個の部分があること、また、構造上区分された部分が独立して建物としての用途に供されていることを要します。

　（1）構造上の区分性

　区分建物は、一物一権主義の例外として、建物の一部について独立した所有権の客体となることを認めたものです。

したがって、所有権の作用として、物理的支配に適する構造を備えることが必要であり、建物の構成部分である擁壁、天井、床、扉等によって他の部分と完全に遮断されている必要があります。

日本家屋の障子や襖等で仕切られている状態では、構造上の区分性を有しているとはいえないものの、木製の扉で他の部分と仕切られているもの（昭41・12・7民事甲3317）や、鉄製のシャッターを下ろすことによっていつでも構造的に区分することができる状態にあるもの（昭42・9・25民事甲2454）については、構造上の区分性が認められています。

（2）　利用上の独立性

区分建物は、構造上区分された部分であっても独立して建物としての効用を果たし得るものでなければならないことも要します。

したがって、登記される種類の建物として利用するために必要最低限の設備や機能が備わっていない場合や構造上区分された部分を利用するため、他の区分された部分を通過又は利用しなければならない場合には、利用上の独立性を有していないと判断します。

3　建物の合体の登記、建物の合併の登記

登記上、独立した2個の建物を1個の建物とする登記には、建物の合体又は建物の合併の登記があります。

（1）　建物の合体の登記

不動産登記法49条に定める建物の合体の登記は、2以上の建物が増築等によって接続し物理的に1棟の建物となった場合に申請する登記であり、建物の物理的な状況に変化が生じているため、合体前の建物の表題部所有者、所有権の登記名義人又は所有者は、建物の合体が生じた日から1か月以内に申請しなければなりません。

同条では、合体を「2以上の建物が合体して1個の建物となった場

合」と表記していますが、これは区分建物も合体することがあるためであり、区分建物が1棟の建物を区分した建物であり、区分建物の合体は登記上2個の建物が1個の建物となるためです。

（2）　建物の合併の登記

不動産登記法54条1項3号に定める建物の合併の登記は、1個の表題登記のある建物を他の建物の附属建物とする登記又は表題登記のある区分建物をこれと接続する他の区分建物と1個の建物とする登記若しくは表題登記のある区分建物をこれと接続する他の区分建物の附属建物とする登記です。

（3）　2個以上の区分建物を1個の建物とする登記

　ア　普通建物

区分建物ではない独立した建物として登記されている2個の建物が増築等によって接続して1棟の建物となった場合には建物の合体の登記を、物理的には2棟の建物のままではあるものの一方の建物をもう一方の建物の附属建物とする場合には建物の合併の登記をすることになります。

　イ　区分建物

区分建物については、合体又は合併のいずれの登記によるかは、構造上の独立性の有無によって判断することになります。

隣接する区分建物の壁を取り除いた場合には2個の区分建物は相互に構造上の独立性を失うことから、建物の合体の登記により2個の区分建物を1個の区分建物又は区分建物ではない建物と登記します。

一方、居宅として登記されている隣接する2個の区分建物のうち一方について、内装工事等を行って台所などを居室や物置に改装するとともに、壁に扉等を設けて相互に建物内部で自由に往来ができるようにし、もう一方の区分建物とともに居宅として使用する場合には、構

造上の独立性を失ったとまでは判断できず、2個の区分建物を1個の建物として利用するという所有者の意思によって効用上の独立性が失われたに過ぎないため、建物の合併の登記をすることになると考えられます。

　効用上一体となって利用されている複数の建物は、所有者の意思に反しない限り1個の建物として登記するとされていることからすれば、接続している2個以上の区分建物についても、構造上の独立性があったとしても効用上一体となって利用されている場合には、不動産登記法56条に定める制限に該当しなければ、所有者の意思に基づいて、建物の合併の登記により1個の区分建物として登記することができます。

　一方、2個の区分建物について構造上の独立性が失われた場合には、1個の区分建物又は区分建物ではない建物とする建物の合体の登記をしなければなりません。

4　本事例の場合

　本事例は、1階を親の世帯が、2階を子どもの世帯が居宅として使用する二世帯住宅であり、1階と2階は、建物内部で自由に往来することはできず、それぞれ1階と2階に玄関があり、2階の玄関には外階段からしか行くことができないことから、1階と2階の所有権の登記名義人を別にする区分建物として登記されています。

　今回、区分建物の改築において、外にあった階段を囲うようにして周壁を設けるとともに屋根の部分も階段の上まで拡げ、階段を囲う壁に新たに玄関も設置する予定とされています。

　（1）　構造上の独立性

　1階部分と2階部分を行き来するための階段が壁で覆われることに

より階段が建物内部となり、外部から2階に行くためには、1階にある玄関及び建物内部の階段を通過する必要があるため、2階と1階は構造上一体になるとも考えられます。

しかしながら、玄関や階段、廊下など数個の専有部分に移動するために使用される建物の部分は、構造上区分所有者の全員又はその一部の共用に供せられる部分であって、利用上の独立性を欠く共用部分であるため区分所有権の目的とならない（区分所有4①）とされています。

したがって、外にあった階段を壁や屋根等で囲み建物内部としただけでは、玄関や階段は共用部分とも判断できることから、1階部分と2階部分の構造上の独立性が失われたとは判断できないと考えられます。

なお、2階部分が1階部分から構造上独立していないと判断するためには、最低限、2階の階段付近にあった玄関として使用していた扉等が取り壊されていることが必要と考えられます。

（2）建物の合体の登記

改築後、2階部分が1階部分から構造上独立していると判断できなくなった場合には、建物の合体の登記を申請することになると考えられます。

なお、二世帯住宅が区分建物として登記されている場合、1棟の建物を2個の区分建物として登記することから、合体後の建物は区分建物ではない建物として登記することになると考えられます。

（3）建物の合併の登記

改築後も2階部分が1階部分から構造上独立していると判断できる場合には、2個の区分建物を1個の建物として登記するためには、区分建物の合併の登記を申請することになると考えられます。

なお、表題部所有者又は所有権の登記名義人が相互に異なる建物、

表題部所有者又は所有権の登記名義人が相互に持分を異にする建物、所有権等の登記以外の権利に関する登記がある建物については、建物の合併の登記はすることができません（不登56）。

　したがって、本事例は、合併後の建物の所有権の登記名義人をどのように登記するのか確認し、建物の合併の登記前に、それぞれの区分建物の所有権の登記名義人又はその持分を変更するとともに、所有権等の登記以外の権利に関する登記がある場合には当該登記を抹消しなければ、建物の合併の登記をすることができないことに注意を要します。

〔48〕 主たる建物を増築して附属建物と合体した場合

　主たる建物として登記されている建物を増築して、附属建物として登記されている建物と合体したいと考えています。この場合、どのように登記すべきでしょうか。

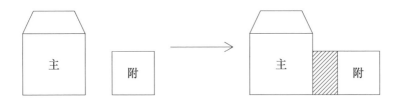

POINT

　主たる建物を増築して附属建物と接続したことにより、主たる建物と附属建物が1棟の建物となった場合には、附属建物を主たる建物に合体する建物の表題部の変更の登記をすることになると考えられます。

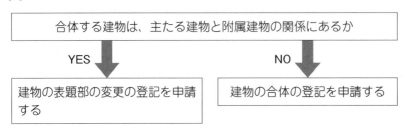

解　説

1　建物の合体の登記

　主従の関係にない2棟以上の建物が増築等によって接続して1棟の建物となった場合には、建物の合体の登記を申請することになります（不登49）。

　詳細は、〔47〕を参照してください。

2　主たる建物と附属建物の合体

（1）　不動産登記法49条

　不動産登記法49条は、建物の合体の登記に関する規定ですが、附属建物が主たる建物に合体した場合については定められていません。

　建物が合体した場合、合体後の建物に関する所有権の帰属や合体前の建物について登記されていた所有権以外の権利に関する登記の取扱いを整理する必要があることから、また、別個の建物として登記されている建物を他の登記されている建物に物理的に接続することなく、他の登記されている建物の附属建物とする建物の合併の登記と明確に区別する必要があるため、登記に係る手続等が同条に定められています。

（2）　不動産登記事務取扱手続準則95条

　主たる建物を増築して附属建物と接続したことなどにより主たる建物と附属建物が1棟の建物となった場合であっても、合体前の主たる建物と附属建物の所有権の帰属や合体前の建物について登記されていた所有権以外の権利が、双方の建物に及ぶことに変化はありません。

　したがって、附属建物が主たる建物に合体した場合には、建物の合体の登記ではなく、建物の表題部の登記事項に関する変更の登記をすることになります（不登準則95）。

3 本事例の場合

　本事例は、主たる建物を増築したことにより附属建物と1棟の建物となったことから、附属建物を主たる建物に合体する建物の表題部の変更の登記をすることになると考えられます。

　なお、合体後の主たる建物の登記事項として、増築及び附属建物部分の床面積を加えた床面積に変更するとともに、登記原因及びその日付欄に「③令和○年○月○日増築及び附属建物合体」と記録し、附属建物の表題部の抹消については「令和○年○月○日主たる建物に合体」と記録します。

　また、合体後の主たる建物について、合体前の主たる建物と種類又は構造が異なる場合には、合体後の主たる建物の登記事項として変更後の種類又は構造を記録します。

〔49〕 区分建物の専有部分同士を合体する場合

　区分建物の附属建物として登記されている専有部分について、主たる建物と附属建物との間にある壁面を取り壊した場合、どのような登記をすればよいでしょうか。

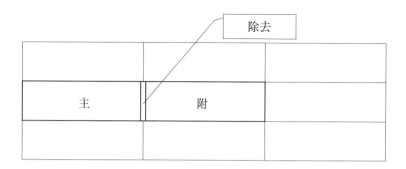

POINT

　区分建物の主たる建物と附属建物の間にある壁を取り壊した場合には、附属建物を主たる建物に合体した区分建物の表題部の変更の登記をするものと考えられます。

　なお、合体後の主たる建物の床面積は、合体前の主たる建物及び附属建物の床面積のほか、壁があった部分の床面積も含むことに注意を要します。

解　説

1 区分建物の主従関係
（1）　区分建物

１棟の建物を区分建物とするためには、構造上区分された数個の部

分があること、また、構造上区分された部分が独立して建物としての用途に供されていることを要します。

詳細は、〔47〕を参照してください。

（2） 区分建物の主たる建物と附属建物

不動産登記事務取扱手続準則78条1項は、効用上一体として利用される状態にある数棟の建物について、所有者の意思に反しない限り、1個の建物として取り扱うとしています。

区分建物ではない建物は、原則として1棟の建物を1個の建物として登記することから、同項では、効用上一体として利用されている数棟の建物は、所有者の意思に反しない限り、これを1個の建物として取り扱うとしています。

一方、区分建物は、構造上区分された部分を1個の建物として登記するところ、構造上区分された複数の部分が効用上一体として利用されている場合には、所有者の意思に反しない限り、1個の建物として取り扱うことになります。

すなわち、1棟の建物について構造上区分された部分のうち、構造上は別の区分建物として登記することができるものの、効用上一体として利用されている複数の区分された部分は、各構造上区分されている部分の主従の関係によって区分建物の主たる建物と附属建物として登記することになります。

2 主たる建物に附属建物を合体した場合

主たる建物を増築等したことにより附属建物と接続した1棟の建物となった場合は、附属建物を主たる建物に合体する建物の表題部の変更の登記をします。

詳細は、〔48〕を参照してください。

第8章　建物の同一性

③　本事例の場合

　本事例は、区分建物である主たる建物と同区分建物の附属建物との間にある壁面を取り壊したことによって、主たる建物であった部分と附属建物であった部分が、一体となって1棟の建物にある構造上独立した部分となったものです。

　したがって、附属建物を主たる建物に合体する、区分建物の表題部の変更の登記をすることになると考えられます。

　なお、建物の区分所有等に関する法律14条3項は、区分建物の床面積について「壁その他の区画の内側線で囲まれた部分の水平投影面積による。」と定めているため、取り壊された壁の部分は、主たる建物又は附属建物の床面積に含まれていません。

　したがって、壁を取り壊したことにより主たる建物に附属建物を合体する場合には、合体後の区分建物の床面積は合体前の主たる建物の床面積に合体前の附属建物の床面積と壁があった部分の床面積を加えた床面積となることに注意を要します。

　また、壁の取壊し以外に増築等の工事をしていない場合、登記原因及びその日付欄には「③令和○年○月○日附属建物合体」と記録し、附属建物の表題部の抹消については「令和○年○月○日主たる建物に合体」と記録します。

〔50〕 建物を同一敷地内にえい行移転する場合

　道路を拡幅するため、建物を移動させる必要が生じ、同一敷地内に建物をえい行移転しました。この場合、どのように登記すべきでしょうか。

> POINT

　建物のえい行移転により建物の建っている土地が地番の異なる土地となった場合には、建物の所在を変更する建物の表題部の変更の登記をするものと考えられます。
　なお、同一地番の土地の中で建物をえい行移転したときには、えい行移転後の建物の位置を記録した建物図面を添付して建物図面の変更を申し出ることになると考えられます。

えい行移転により、建物は別の地番の土地に移動したのか

YES	NO
建物の所在を変更する建物の表題部の変更の登記をする	えい行移転後の建物の位置を記録した建物図面を添付して、建物図面の変更を申し出る

解　説

1 建物の表題部の変更の登記

（1）　不動産登記法51条による取扱い

不動産登記法51条は、同法44条1項各号に掲げる登記事項に変更があったときは、当該変更があった日から1か月以内に、当該事項に関する変更の登記を申請しなければならないと定めています。

（2）　不動産登記法44条1項

不動産登記法44条1項では、建物の表示に関する主な登記事項として次の事項を定めています。

① 　建物の所在（市、区、郡、町、村、字及び土地の地番）
② 　家屋番号
③ 　建物の種類、構造及び床面積

2 建物のえい行移転

建物のえい行移転とは、建物の基礎をジャッキ等で持ち上げて、建物を解体することなく他の場所へ移動させることです。

えい行移転により建物の建っている土地が別の土地となったときは、建物の所在を変更する建物の表題部の変更の登記をしなければなりません（不登準則85②）。

一方、同一の土地の中で、建物の建っている場所をえい行移転したときは、建物の所在に変更がないため建物の表題部の変更の登記は要しません。

ただし、不動産登記規則82条は、「建物図面は、建物の敷地並びにその1階の位置及び形状を明確にするものでなければならない。」と定めていることから、同一土地内で建物をえい行移転した場合であって

も、えい行移転前の建物図面を閉鎖して、えい行移転後の建物図面を登記所に備え付ける必要があります。

不動産登記規則88条は、「土地所在図、地積測量図、建物図面又は各階平面図に誤りがあるときは、表題部所有者若しくは所有権の登記名義人又はこれらの相続人その他の一般承継人は、その訂正の申出をすることができる。」と定めていることから、えい行移転により同一土地内で建物の建っている場所が変更した場合については、同条を準用して建物図面の変更を申し出ることになります。

③ 本事例の場合

本事例は、同一の土地の中でえい行移転により建物が建っていた場所を変更したことから、建物の表題部の変更の登記ではなく、えい行移転後の建物の位置を記録した建物図面を添付して建物図面の変更を申し出ることになると考えられます。

MEMO

◆他の登記所の管轄区域への建物のえい行移転

建物のえい行移転により、建物の建っている土地が、えい行移転前の土地とは別の登記所の管轄区域となる場合があります。

このとき、えい行移転による建物の表題部の変更の登記は、えい行移転後の土地を管轄する登記所が管轄登記所として取り扱います（不登準則4①）。

なお、えい行移転により管轄登記所が変更される建物の表題部の変更の登記は、えい行移転前の建物の管轄登記所又はえい行移転後の建物の管轄登記所のいずれの登記所にも申請することができます（不登準則4②）。

第8章　建物の同一性

◆建物の登記を管轄する登記所
　（1）　不動産登記法6条
　不動産登記法6条は、登記の事務は、不動産の所在地を管轄する法務局若しくは地方法務局若しくはこれらの支局又は出張所がつかさどると定めています。
　（2）　登記所の管轄
　各登記所の管轄区域は行政区画を基準として、法務大臣がこれを定めています（法務局及び地方法務局の支局及び出張所設置規則4・5）。
　したがって、土地又は建物の所在する場所が、いずれの行政区画に所属しているかによって、管轄登記所が定まるということになります。
　（3）　不動産が数個の登記所の管轄区域にまたがって所在する場合
　不動産登記法6条2項は、不動産が2以上の登記所の管轄区域にまたがる場合、法務省令で定めるところにより、法務大臣又は法務局若しくは地方法務局の長が、当該不動産に関する登記の事務をつかさどる登記所を指定すると定めています。
　不動産の管轄指定は、法務大臣等が職権により指定することから、数個の登記所の管轄にまたがる建物を新築した場合や、建物の増築やえい行移転によって建物が数個の登記所の管轄にまたがることになった場合には、建物の所有者、表題部所有者又は所有権の登記名義人は、そのいずれか一つの任意の登記所に、建物の表示の登記又は建物の表題部の変更の登記を申請することになります（不登6③、不登則40）。

〔51〕 建物を一部解体し、敷地外に移築する場合

　古民家を購入し、一部解体した上で、別の土地に建物を移築することになりました。建物の主要な資材を、ほぼそのまま用いて再築する予定ですが、どのように登記すべきでしょうか。

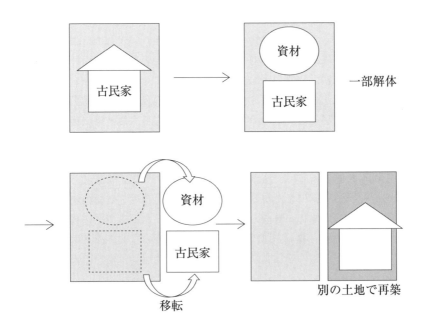

POINT

　建物の一部を解体して移築する場合、解体しなかった部分の建物の状態によって、解体移転又はえい行移転のいずれにより取り扱うか判断するものと考えられます。

第8章　建物の同一性　　219

```
┌─────────────────────────────────────────┐
│ 解体しなかった部分は、建物の用途に供することができる状態である │
│ か                                       │
└─────────────────────────────────────────┘
        ↓ YES                    ↓ NO
┌──────────────────────┐  ┌──────────────────────┐
│ 不登準則85条2項のえい行移転と │  │ 不登準則85条1項の解体移転と │
│ して取り扱う              │  │ して取り扱う              │
└──────────────────────┘  └──────────────────────┘
```

1　建物の移転

（1）　えい行移転と解体移転

建物を別の場所に移動する方法には、建物を解体することなく基礎から移転させるえい行移転と、建物を解体して解体前の柱、屋根材、壁材をそのまま使用して建物を再築する解体移転があります。

移転前の建物と移転後の建物の主たる構成材料や形状が変わっていない場合、移転前後の建物は同一の建物とも考えられますが、解体移転については、移転前の建物と移転後の建物は別の建物として登記することになります。

（2）　不動産登記事務取扱手続準則85条による取扱い

不動産登記事務取扱手続準則85条は、建物の移転について、1項で「解体移転した場合は、既存の建物が滅失し、新たな建物が建築されたものとして取り扱うものとする」とし、2項で「えい行移転した場合は、建物の所在の変更として取り扱うものとする」としています。

2　本事例の場合

本事例は、移転前の建物の一部を解体して移築していますので、移転前の建物の取り壊さなかった部分をえい行移転した上で、取り壊し

た部分を構成していた材料を用いて再築することから、一部を取り壊された建物が、建物としての用途に供することができる状態である場合には、不動産登記事務取扱手続準則85条2項の建物のえい行移転として取り扱うことになると考えられます。また、建物としての用途に供することができない状態である場合には、不動産登記事務取扱手続準則85条1項の建物の解体移転として取り扱うことになると考えられます。

> **MEMO**
>
> ◆建物の解体移転に関する判例
> 　判例は、「建物の「滅失」とは、建物が物理的に壊滅して社会通念上建物としての存在を失うことであって、その壊滅の原因は自然的であると人為的であるとを問わないし、また、建物全部が取り壊され、物理的に消滅した事実があれば、その取壊しが再築のためであろうとあるいは移築のためであろうと、その目的のいかんを問わず、全て建物の「滅失」に当たる」と判断しています。
> 　また、「移転後の建物が旧建物の解体材料の大部分を用い、規模・構造もほとんど同一であるとしても、不動産登記法上は、これを滅失として取り扱うことが、建物の物理的現況を正確に公示するという表示に関する登記の趣旨、目的にそうことになるからである」とし、更に「曳行移転と解体移転とでは、移転の過程において建物がいったん物理的に消滅するか否かという決定的な相違があることによる結果であって、やむを得ないというべきである」と判示しています（最判昭62・7・9判時1256・15）。

第 9 章

建物の滅失

〔52〕 所在が相違する建物の滅失登記を申請する場合

建物の滅失登記に際して、登記されている建物の所在地番が存在しませんでした。この場合、どのように処理すればよろしいでしょうか。

POINT

登記されている地番が相違しているケースや、分筆・合筆による地番の変更、換地処分（区画整理103～108）や町名地番変更（都開90）など、様々なケースが考えられますので、なぜ所在地番が存在しないのか等の原因を特定し、登記建物と同一物件であるか否かを確認することが必要であると考えられます。

なお、登記建物と同一物件であることが確認できる場合は、滅失の登記をすることができると考えられます。

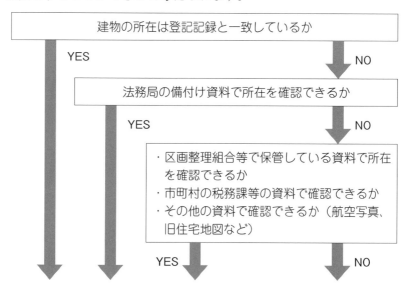

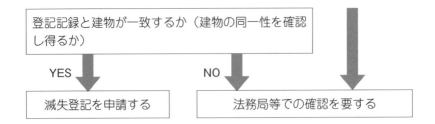

解　説

1 所在が相違する建物が発生する主な原因

　登記された建物を特定するために、不動産登記法では、「建物の所在する市、区、郡、町、村、字及び土地の地番（区分建物である建物にあっては、当該建物が属する1棟の建物の所在する市、区、郡、町、村、字及び土地の地番）」を建物の表示に関する登記の登記事項として定めています（不登44①一）。

　建物の所在地番が存しないあるいは相違している場合に考えられる主な原因は、以下のとおりです。
① 登記されている地番が錯誤により相違している場合
② 敷地番が分筆や合筆によって変更された場合
③ 土地区画整理法等による換地処分（区画整理103・86）や都市再開発法90条による権利変換で町名地番が変更された場合

　その他にもえい行移転された建物であった場合など、所在が異なる原因はいくつかありますが、いずれの場合も登記対象建物の所在地番が相違する原因が特定でき、登記建物が同一物件であると認定できた場合に限り、滅失の登記ができると考えます。

　なお、建物の同一性の基準に関しては、最高裁昭和50年7月14日判決（判時791・74）などが参考となります。

2 所在地番の確認方法

　何らかの事情によって建物の所在地番が相違している場合には、敷地及び建物登記記録や閉鎖登記簿、旧土地台帳や公図、地積測量図等、法務局に備え付けられている資料を確認することにより、過去に分筆や合筆などがされていないかを調べます。

　また、土地区画整理法103条から108条までによる換地処分や都市再開発法90条による権利変換で町名地番号が変更されている場合には、上記に加えて、区画整理組合等で重ね図による底地配列や旧町名地番号を確認することにより、所在を特定できる場合があります。

　その他、登記されている所在地番が錯誤により相違している場合などにおいては、固定資産課税台帳登録事項証明書、配置図等により確認できる場合があります。ただし、取壊し後の年数経過等により資料不存在の場合もあります。その場合は、航空写真や旧住宅地図、近隣住民への聞き取り等により、建物建築当初や残存時の状況を把握することによって確認できる場合があります。

3 本事例の場合

　本事例は、区画整理組合で底地配列及び旧町名地番を確認したところ、区画整理換地処分に伴い、町名地番号が変更されたにもかかわらず、区画整理組合が建物登記記録の旧町名地番号変更手続をしないまま、変更前所在で登記記録が残存していたことが確認することができたことから、建物の滅失の登記を申請することができると考えられます。

〔53〕 滅失する建物の所有者が不明の場合

所有地上に既に取り壊された建物の登記が残存しているものの、当該建物の登記記録上の所有者は行方不明です。この場合、どのような登記手続が考えられるでしょうか。

POINT

所有者が行方不明となる原因としては、相続の発生、建物の所有者である法人の解散、所有者の転居、表題部登記記録の不備など、様々なケースが考えられますので、申請に当たっては、申請適格者を確認した上で建物の滅失の登記の申請（不登57）をするか、又は、利害関係人から滅失登記の申出をし、登記官に対して職権で建物の滅失の登記をすることが考えられます（不登28）。

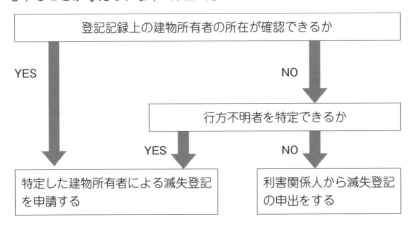

解　説

1 滅失登記の申請人

通常、登記は当事者による申請又は嘱託がなければすることができ

ません（不登16）。また、建物の表題部の登記事項に変更があった場合は、1か月以内に申請しなければなりません（不登51）。そのため、建物の所有者が不明である場合は、申請人となる建物の所有者を確認できるか否かが重要になります。

2　建物の所有者が不明となる主な原因

建物の所有者が不明となる原因としては、主に以下の理由が考えられます。
① 　登記記録上の所有者が法人で、既に解散している場合
② 　登記記録上の所有者に相続が発生している場合
③ 　登記記録上の所有者が転居し、行方不明である場合
④ 　表題部登記所有者の氏名しか記載がない場合

その他にも所有者が不明となる原因はいろいろと考えられますが、いずれの場合も、所有者の確認は難航することが予想されます。

3　建物の所有者の確認方法

（1）　登記記録上の所有者が法人で、既に解散している場合

所有者が法人の場合は、当該法人の履歴事項証明書等を取得して本店の所在、商号、代表者を確認します。当該法人が既に解散している場合には、清算結了の登記が申請され、登記簿は閉鎖されているため、法務局で閉鎖事項証明書の交付を請求することで確認できます。

これにより、登記記録上の所有者である法人が既に解散していることが確認できた場合は、清算人に滅失登記の申請を求めることになります。

（2）　登記記録上の所有者に相続が発生している場合

所有者が個人で、所有権の登記年月日から50年以上経過しているような場合は、相続が発生し相続登記が未了である可能性があります。

登記事項証明書や住民票、戸籍事項証明書などの書類の確認や親族・近隣住民、町内会等への聞き取り、現地調査などを行っても、なお所在が判明しないことや生死が判明しないことがあります。相続は発生しているが相続人が不存在であることもあります。このような場合、不在者財産管理制度（民25）や相続財産清算制度（民951・952①）、所有者不明土地・建物管理制度（民264の2～264の8）などの利用を検討しなければなりません。

なお、固定資産課税台帳登録事項証明書を調査できる場合、登記記録上の所有者あるいは納税義務者になった近親者等が判明し、申請適格者を確認できることもあります。

（3）　登記記録上の所有者が転居し、行方不明である場合

所有者が転居で行方不明になっている場合も上記と同様に、登記事項証明書や住民票、戸籍事項証明書などの書類の確認、親族や近隣住民、町内会等への聞き取り、現地調査などを行います。

（4）　表題部登記所有者の氏名しか記載がない場合

主な確認方法としては、親族や近隣住民、町内会等への聞き取りがあります。古くから当該地近隣に居住する方や地元に精通した土地家屋調査士・司法書士・不動産業者等からの情報で本人あるいは相続人の特定に至る場合もあります。ただし、確認して得た個人情報の取扱いには特に留意が必要です。

4　本事例の場合

本事例は、様々な方法で建物の所有者の確認を行いましたが、調査を尽くしても申請適格者を特定するに至りませんでしたので、前述のPOINTのとおり、利害関係人に該当する土地所有者から建物の滅失の登記の申出が考えられ、登記官の職権によって建物の滅失の登記をすることが考えられます（不登28）。

第 10 章

区分建物

〔54〕 建物内部で木製の扉で接続している二世帯住宅の場合

2階建の建物（居宅）の1階部分が下図のようになっている場合、どのように登記すればよいでしょうか。

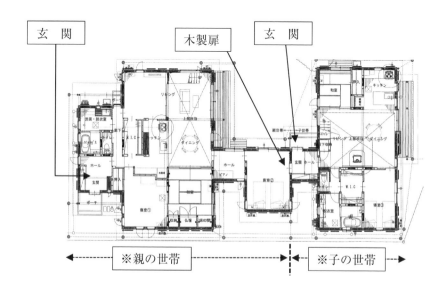

POINT

1棟の建物が区分建物として認められるには、構造上の独立性と利用上の独立性が要件とされており、建物の接続部分が木製の扉で区切られているときは、構造上の独立性を有する建物と判断できることから、区分建物として取り扱うことができると考えられます（不登2二十二、区分所有1、昭41・12・7民事甲3317）。

解　説

1　区分建物とは

　区分建物とは、1棟の建物の構造上区分された部分で独立して住居、店舗、事務所又は倉庫その他建物としての用途に供することができるものであって、建物の区分所有等に関する法律2条3項に規定する専有部分であるものとされています（不登2二十二、区分所有1）。すなわち、1棟の建物が区分建物として認められるためには、構造上の独立性（1棟の建物のうちの一部が他の部分から構造上区分されていること）と、利用上の独立性（その部分のみで独立して住居、店舗、事務所又は倉庫その他の建物としての用途に供することができるものであること）の二つの要件を満たすことが必要不可欠です。

　本事例のように、1階廊下部分に木製の扉が設置され、分断することが可能な構造になっている場合、この木製の扉が設置されていることによって、他の部分から構造上区分されているといえるかが問題となります。

2　建物の建具と構造上の独立性

　区分建物の登記に際して「構造上の独立性」が不可欠なのは、区分建物の専有部分は1個の建物として所有権の対象とされ、その物的支配に適したものである必要があるためです。一般的に、構造上区分されている状態とは、分譲マンションのように、各室が建物の構成部分である隔壁、扉、階層（天井及び床）等によって、他の部分と完全に遮断されている状態をいい、容易に取り外しができる建物の建具（ふすま、障子、あるいはベニヤ板など）で仕切られている場合には、建物の構成部分としての隔壁が設けられたものとは認められず、構造的

に区分されたものとはいえないと解されています（中村隆＝中込敏久監『新版Q＆A表示に関する登記の実務　第4巻』132頁（日本加除出版、2008））。

なお、親の名義の古い建物の一部を取り壊し、残存部分に接続して、その子が建物を新築し、接続部を木製ドアで仕切り、子の名義をもって区分建物の表題登記の申請があった事案について、構造上の独立性を有する建物として取り扱って差し支えないとした先例があります（昭41・12・7民事甲3317）。

3　本事例の場合

本事例は、外観上1棟と思われる建物で、また、玄関が2か所あり、縦断的に区分されていると見ることができます。また、木製の扉で閉鎖できる構造になっているということが確認できれば、通常のふすまや障子とは異なり、その取り外しは容易ではないと考えられます。

親世帯と子世帯を内部で行き来する扉が常時開けている状態においては、構造上の独立性がないともいえますが、上記先例（昭41・12・7民事甲3317）を踏まえると、本事例においても社会通念上、そこに障壁があるものと考えられ、扉が閉まっている状態においては所有権の範囲を明確にする構造上の独立性を持っていると考えられます。

また、当該建物には玄関が2か所あって、これを利用することによって独立してその用途に供することが可能であったため、「利用上の独立性」についても満たしていると考えられることから、区分建物と判断することが可能であると考えられます。

234　第10章　区分建物

〔55〕　壁や扉がない廊下を床面積に算入するか判断する場合

　風除室とエレベーターホールと行き来する部分に壁や扉がないため、外気分断性に欠けると考えられる廊下について、床面積へ算入する部分をどのように判断すればよいでしょうか。

POINT

　風除室とエレベーター室とをつなぐ部分には、壁又は扉がないものの、機能上から開放廊下と判断することはできないことから、床面積に算入することが相当と考えられます。

壁又は扉等がない部分が、廊下として利用するためやむを得ない部分であるか

　　　　　YES　　　　　　　　　　　　　NO

廊下部分は、床面積に算入する	開放廊下であるため、床面積に算入しない

解　説

1　外気分断性を欠く部分の床面積への算入について

　不動産登記規則115条は、床面積に算入する部分を壁その他の区画中心線で囲まれた部分と定めていますが、必ずしも四方が周壁等により囲まれていることは要せず、車庫などのように、一方に周壁等がない部分であっても利用状況を踏まえて建物の一部と判断できる場合には床面積に算入することができるとされています（「質疑応答6586」登研451号124頁（1985））。

　詳細は、〔28〕を参照してください。

2　廊下部分の床面積への算入について

　廊下は、建物外部から建物内の各部屋へ又は建物内部の各部屋を人や物が移動するための空間です。

　区分建物では、各専有部分まで移動するためや玄関から階段又はエレベーターまで移動するために共用部分として廊下が設けられていますが、廊下への出入口に扉が設けられていない場合もあります。

　また、エントランスやロビー、エレベーターホールとつながっている廊下については、エントランスなどと明確に区分できない廊下もあります。

　廊下は、出入口が扉等によって外気と分断されていないこともありますが、建物内を人や物が移動するための空間であることからすれば、出入口の二方向が壁等によって囲まれていない場合であっても、廊下としての機能を踏まえれば建物の一部としての用途性が認められることから、床面積へ算入することが相当と考えられます。

　区分建物などの集合住宅では、2階以上にある共用部分の廊下の一方は居住室との壁に面しているものの、もう一方の建物外部に面する

部分には腰程度の高さの壁しかない廊下があり、このような廊下を「開放廊下」といいます。

　廊下については、建物の機能として出入口部分には壁を設けることはできず、移動を容易にするため扉を設けないこともあるものの、出入口部分以外に壁等を設けないことが廊下としての機能から必要とは認められないため、開放廊下については床面積に算入しないことが相当と考えられます。

3　本事例の場合

　本事例の廊下は、風除室及びエレベーターホールと出入りする部分に扉等の仕切りがないものの、その他の部分には壁や扉が設置されています。

　したがって、廊下としての機能上、最小限の部分のみ壁や扉等がないことから開放廊下と判断することは相当ではなく、建物の床面積へ算入することが相当と考えられます。

　なお、区分建物の共用廊下であり、風除室からエレベーターホールをつなぐ部分にある場合には、廊下部分は法定共用部分であることから、1棟の建物の床面積のみに算入することが相当と考えられます。

〔56〕 工期が分かれる大規模マンションが完成後に複数棟になる場合

住居部分が数棟に分かれる大規模マンションにおいて、工事の工期が前期・後期と2回に分かれているため1棟の建物とならず、複数棟の区分建物になる場合に添付する規約証明書はどのようなものが必要ですか。

POINT

　区分建物の表題登記を申請する際、敷地権の割合及び規約共用部分等を定めた規約証明書が必要となります。前期部分の区分建物の表題登記申請時には公正証書による規約証明書を添付することになりますが、後期部分の区分建物の表題登記を申請する際に、併せて団地共用部分である旨の登記を申請する場合は区分所有者の決議書又は合意書などを規約証明書として添付することになると考えられます。

解　説

1　規約の設定方法

　建物の区分所有等に関する法律（以下「区分所有法」といいます。）31条1項には「規約の設定は、区分所有者及び議決権の各4分の3以上の多数による集会の決議によってする」とされています。

　また、区分所有法45条2項には「区分所有者全員の書面又は電磁的方法による合意があったときは、書面又は電磁的方法による決議があったものとみなす」とされています。

　さらに、区分所有法32条には「最初に建物の専有部分の全部を所有する者は、公正証書により規約共用部分、規約敷地、分離処分可能規

約、敷地利用権の割合の規約を設定することができる」とされています。

2 本事例の場合

　本事例は、前期部分の区分建物の表題登記、共用部分である旨の登記申請時は、建物の表題登記の申請人が「最初に建物の専有部分の全部を所有する者」に該当するため、同人が公正証書により規約を設定し添付することになると考えられます。

　また、後期部分の区分建物の表題登記申請時に併せて団地共用部分である旨の登記を申請する場合の対象となる「区分所有者全員」とは、前期部分を購入して所有権の保存の登記済みである所有権登記名義人並びに前期部分で所有権の保存の登記をされていない区分建物の表題部所有者及び後期部分の表題部所有者となりますので、「最初に建物の専有部分の全部を所有する者」に該当しないため、区分所有者の決議書又は合意書による規約証明書が必要となると考えられます。

　なお、区分所有者の決議の場合には、「区分所有者及び議決権の各4分の3以上の多数」の決議が必要であり、そうでない場合は「区分所有者全員の書面又は電磁的方法による合意があったときは、書面又は電磁的方法による決議があったものとみなす」こととなります。

第10章　区分建物

〔57〕 傾斜地に建築され、床面が地盤面より下にある階層にエントランスがある場合

　傾斜地に建築された分譲マンションにおいて、エントランスの階（天井高4m）はどのように登記すればよいでしょうか。

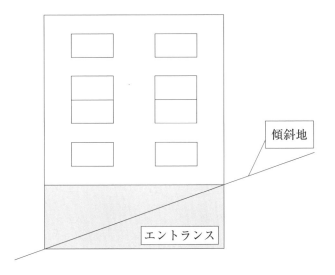

POINT

　地上階と地階の区分は、分譲マンションにおいても戸建住宅の基準（昭63・3・24民三1826）と同様に行いますので、地盤面（建基令2②）を基準とし、床面が地盤面より下にある階層でその床面から地盤面までの高さがその階の天井までの高さの3分の1以上あるときは、たとえマンションのワンフロア全体が一つの階層として表示されることになっても、その階層は地下階として取り扱われると考えられます。

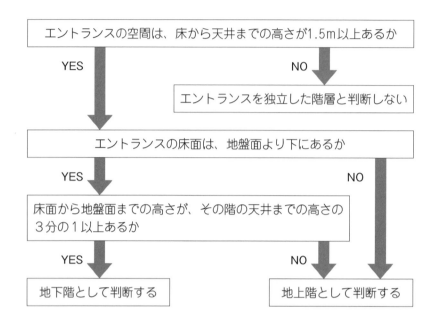

解　説

1 階層に関する取扱い

　不動産登記事務取扱手続準則81条4項では、「天井の高さ1.5m未満の地階及び屋階等（特殊階）は、階数に算入しないものとする」と規定していることから、床から天井までの高さが、1.5m以上ある階層は、生活空間として利用されているなど、それぞれの建物に応じた利用状況（人貨滞留性）を有する場合、独立した階層として取り扱われます。

2 建物の階数に関する規定

　建物の構造は、建物の主な部分の構成材料、屋根の種類及び階数によって区分されますが（不登則114）、地下階については、次のように区別することとされています（不登準則81①(3)）。

① 地下何階建
② 地下何階付き平家建（又は何階建）

　地上階と地下階の区分は、地盤面を基準とし、床面が地盤面より上にある階層は地上階とし、下にある階層は地階として取り扱います。この場合、床面が地盤面下にある階層で床面から地盤面までの高さがその階の天井までの高さの3分の1以上あるときは、当該階層は地下階として取り扱います（昭63・3・24民三1826）（〔23〕参照）。

3　本事例の場合

　本事例は、分譲マンションのエントランスの天井高は4mあり、建築確認申請時の資料ではエントランス部分が「1階」とあり、また、現地を調査した結果、平均の地盤面の高さは2.8mあったことから、利用用途から人貨滞留性を有すると考えられ、上記2の取扱いに準じて計算すると、床面から地盤面までの高さ（2.8m）がエントランスの天井までの高さ（4m）の3分の1（1.3m）以上あることから、エントランスのフロアは地下階として登記すると考えられます。

〔58〕 分譲マンションに設置されたトランクルームの場合

　住民の利便性のため、分譲マンションのそれぞれの居宅にトランクルームが設置されています。この場合、このトランクルームはどのように登記されるのでしょうか。

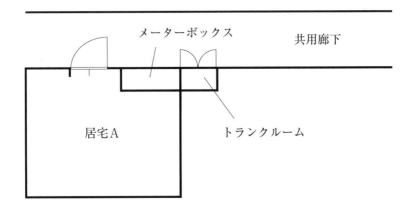

POINT

　トランクルームが独立して建物としての用途に供することができ、居宅部分に隣接している場合は、トランクルームを①専有部分の一部とする、又は、②附属建物として登記することも可能ですが、トランクルームと居宅の間にメーターボックスなどが存在する場合や、居宅と離れた場所に設置されている場合は、附属建物として登記することになると考えられます。

第10章　区分建物

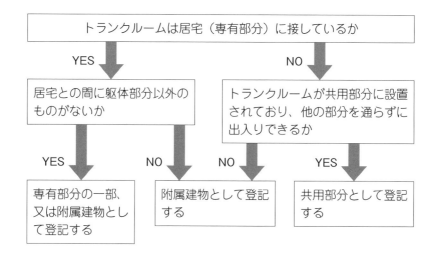

解　説

1　区分建物の要件とは

建物の区分所有等に関する法律１条には「１棟の建物に構造上区分された数個の部分で独立して倉庫その他建物としての用途に供することができるものがあるときは、その各部分は、それぞれ所有権の目的とすることができる」とされています。

不動産登記事務取扱手続準則78条２項ただし書には「所有者が同一であるときは、その所有者の意思に反しない限り、隣接する数個の部分を１個の建物として取り扱うものとする」とされています。

2　トランクルームが専有部分と接している場合

トランクルームが各住戸に隣接し、玄関のドア付近や共用廊下、バルコニーなどから出し入れできる位置に設けられている場合は、トランクルームが居宅部分と接しているかを確認することが必要です。

この「接している」とは、間に躯体部分である壁、柱の構造体のみ

があるということをいいます。上下に接しているとは間に躯体部分である床スラブのみがあるということをいいます。この場合、居宅部分と一体で(間の構造体を含みます。)トランクルームを専有部分の一部とすることができます。また、トランクルームを附属建物として登記することも可能です。

　トランクルームと居宅の間にメーターボックスなどが存在する場合や、トランクルームが居宅と離れた場所に集約されている場合などは、接しているとはいえないため、附属建物として登記することとなります。

3　トランクルームが共用部分に設置されている場合

　トランクルームが共用廊下又は集約型トランクルームで、他の専有部分を通らずに到達できる場合は、専有部分として区分建物の表題登記をし、共用部分である旨の登記を経て共用部分となります。

4　本事例の場合

　本事例のトランクルームは、居宅Aとの間にメーターボックスが挟まれており、専有部分と接しているとはいえないため、Aの附属建物として登記すると考えられます。

MEMO

◆トランクルームが居宅のバルコニーにある場合
　トランクルームが居宅のバルコニーに存在し、建物と認定し得る場合は、専有部分である居宅を通らないとトランクルームに到達できないため、トランクルームのみで専有部分となりません。この場合はバルコニーに存在する法定共用部分のトランクルームといった取扱いになるものと考えられます。

〔59〕 コンシェルジュカウンターが設置されている場合

　分譲マンションのエントランスに、管理人が来客等に対応するためのコンシェルジュカウンターが設置されています。

　カウンタースペースは、二方向がカウンターによりエントランスと区切られ、管理人のみが出入りできる管理用倉庫と一体となった管理人室からしか入ることができません。

　このようなカウンター部分について、エントランスの一部又は管理人室等の一部のどちらと判断するのでしょうか。

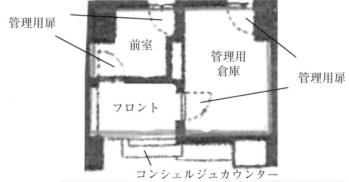

POINT

コンシェルジュカウンターは、管理人の業務を行うスペースであること、また、管理人室等から出入りするため、管理人室等の一部として規約共用部分と判断することが相当と考えられます。

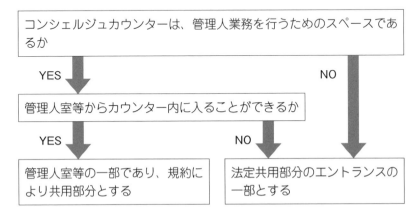

解　説

1 区分建物の共用部分

（1）　共用部分

建物の区分所有等に関する法律（以下「区分所有法」といいます。）4条1項は、「構造上区分所有者の全員又はその一部の共用に供されるべき建物の部分は、区分所有権の目的とならない」と定めています。

この「区分所有権の目的とならない区分建物の一部」を共用部分といい、同条2項は、規約により共用部分とすることができるとも定めています。

（2）　法定共用部分

数個の専有部分に通じる廊下、階段、エレベーター室やエントラン

スなど構造上区分所有者全員又は一部の共用に供される部分は、区分所有法4条1項により区分所有権の目的とすることができず、このような共用部分を「法定共用部分」といいます。

（3） 規約共用部分

管理人室や集会室などは、構造上区分所有者全員又は一部の者の共用に供される部分ではないことから、区分所有権の目的とすることができます。また、区分所有法4条2項に基づき規約により区分所有者全員又は一部の者の共用に供する部分とすることもでき、このような共用部分を「規約共用部分」といいます。

2 区分所有権の目的とすることができる部分

区分所有法1条に定める区分所有権の目的とすることができる構造上他の部分から独立した建物としての用途に供することができる部分とは、隔壁や階層等により独立した物的支配に適する程度に他の部分と遮断され、その範囲が明確であることをもって足り、必ずしも周囲全てが完全に遮断されていることを要しないと解することが相当とされています（最判昭56・6・18判時1009・58）。

3 分譲マンションの管理人室の典型例

分譲マンションには、マンションの管理業務を行う者が滞在するための部屋である管理人室が、設けられています。

管理人室の利用方法は様々で、管理人が待機して来客者の受付などをしたり、マンションの管理書類や道具を保管したりします。

管理人室の形態は様々なものがあり、先例において以下の典型例における考え方が示されています（昭50・1・13民事三147）。

＜パターン①＞

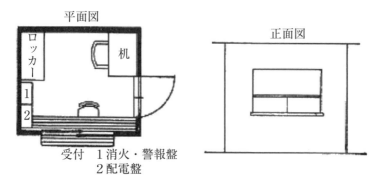

　内部に各専有部分を集中管理する消防設備、警報装置等の恒常的共用設備が設けられ、受付者が常駐することにより、常時来訪者や配達物などの処理ができる構造形態においては、電気室、機械室と同じように法定共用部分と解すると考えられます。

＜パターン②＞

　管理人が居宅として使用しながら管理事務を行っている管理人室ですが、共用設備がなく、受付者の常駐する構造をとっていないため、法定共用部分とは認められません。そのため、各区分所有者間の合意がある場合に限って、規約共用部分として扱うのが妥当と考えられます。

第10章　区分建物　　249

＜パターン③＞

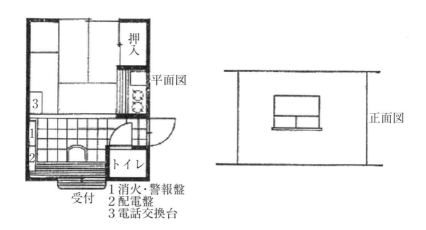

　管理人居室が一体となっていますが、恒常的共用設備が設けられているため、法定共用部分として取り扱うことができると考えられます。

＜パターン④＞

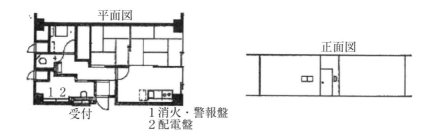

　パターン③と同様に、管理人居室が一体となっており、恒常的共用設備が設けられたものですが、居住室と共用設備室とが構造上分別されているため、規約共用部分として取り扱うと考えられます。

4　本事例の場合

（1）エントランス

エントランスは、区分所有者の全員又は一部が利用する建物の部分であることから法定共用部分として取り扱います。

（2）管理人室等

管理人室は、構造上他の部分から独立した建物としての用途に供することができる部分であり、区分所有法1条に定める区分所有権の目的とすることができる部分ですが、専ら区分建物全体を管理する管理人が使用することから、規約共用部分とすることが相当と考えられます。

（3）コンシェルジュカウンター

コンシェルジュカウンターは周壁等により囲まれておらず、エントランスとは明確に分断されていません。

しかしながら、コンシェルジュカウンターとは管理人が来客対応等の管理業務を行うためのスペースであり、本事例については、管理人室以外から立ち入ることができないため、管理人室等の一部として規約により共用部分とすることが相当と考えられます。

なお、エントランスからもコンシェルジュカウンターに入ることができる場合には、コンシェルジュカウンターの利用状況によってエントランスの一部と判断することもあると考えられます。

MEMO

◆公正証書による規約共用部分の設定

区分所有法31条は、規約の設定、変更又は廃止は、区分所有者及び議決権の4分の3以上の多数による集会の決議によると定めていますが、最初に建物の専有部分を所有する者は、公正証書により規約共用部分の規約を設定することができると定めています（区分所有32）。

◆第三者への対抗について

区分所有法4条2項は、規約共用部分について、その旨を登記しなければ第三者に対抗することができないと定めています。

◆共用部分である旨の登記の申請
（1）　区分建物の表題登記

不動産登記法48条1項は、区分建物が属する1棟の建物が新築された場合、当該1棟の建物に属する全ての区分建物について表題登記をしなければならないと定めています。

（2）　規約共用部分とできる部分の登記

規約共用部分は、構造上は区分所有者全員又は一部の者の共用に供される部分ではなく区分所有権の目的とすることができるものの、区分所有法4条2項に基づき規約により区分所有者全員又は一部の者の共用に供する部分であることから、区分建物の表題登記を申請する際に、規約によって共用部分としない場合には、区分建物として登記することになります。

（3）　区分建物の表題登記

構造上他の部分から独立して建物としての用途に供せられる部分のうち区分所有者全員又は一部の者の共用に供することが予定されている部分については、区分建物の表題登記の申請において区分建物として申請した上で、申請するまでに公正証書等により共用部分とする規約を設定した場合には、共用部分の目的たる旨の登記を申請することになります。

索　引

事　項　索　引

【あ】

ページ

アパート
　　同規模の数棟の―― 　　　74

【い】

移築　　　　　　　　　　　　218
一部利用可能な建物　　　　　192

【え】

えい行移転　　　　　　　214, 218
ＡＴＭ　　　　　　　　　　　 43
エスカレーター　　　　　　　166
エレベーター　　　　　　　　162

【か】

外気分断性　　　　　　　　23, 27
　　　　　　　　　　　　 31, 36
　　　　　　　　　　　　 70, 83
　　――を有しない建物　　　119
階数　　　　　　　　　　　　 93
階層
　　他の――と往来が困難　　172
　　床面が地盤面より下にある
　　　――　　　　　　　　　 96
解体　　　　　　　　　　　　218
階段状の建物　　　　　　　　 92
改築　　　　　　　　　　　　200

改築工事　　　　　　　　　　186
開放廊下　　　　　　　　　　234
合体　　　　　　　　　　200, 208
　　　　　　　　　　　　　　211
合併　　　　　　　　　　　　200
壁と同一建材の屋根　　　　　151
仮換地　　　　　　　　　　　 53
　　換地処分前の――　　　　 54
換地処分　　　　　　　　　　 56
　　――前の仮換地　　　　　 54

【き】

機械式自転車置場　　　　　　176
機械室　　　　　　　　　　　 39
規約共用部分　　　　　　　　247
規約証明書　　　　　　　　　237
共用部分　　　　　　　　　　244

【く】

区分建物　　　　　　　　　　231
　　――の附属建物　　　　　211
　　複数棟の――　　　　　　 35

【け】

傾斜地　　　　　　　　　101, 239
　　――に建築された建物　　 96

【こ】

工場群	78
高低差	102
効用上の一体性	80
子育て支援施設	122
個別に名称をつけている建物	138
ゴミ置き場	127
小屋裏	
梁のみで形成されている――	155
小屋裏収納	105
同一フロアに――	158
コンクリートブロック基礎	19
コンシェルジュカウンター	245

【し】

自走式立体駐車場	31, 35
地盤面	239
床面が――より下にある階層	96
事務作業スペース	130
車庫	
未登記の――	47
集塵庫	127
従属的附属建物	79, 197
所在が相違する建物	223
所有者	
――が不明の建物	226
――ではない者が出資した増築	189
人貨滞留性	40, 44
	71, 83
	89, 93
	107

【す】

スキップフロア	105
スケルトン・インフィル	3, 173

【せ】

専有部分	243

【そ】

増改築	195
倉庫	
ポリエステル帆布で構成された――	27
メッシュ状の――	23
増築	208
所有者ではない者が出資した――	189
ソーラーパネル	145

【た】

建物の独立性	48

【ち】

地下街	16
地番	
――が違う土地	63
――がない土地	60

事項索引

【て】

定着性	12, 19
展示用建物の――	8
モデルハウスの――	10
展示用建物	8
――の定着性	10

【と】

同一フロアに小屋裏収納	158
登記記録と一致しない建物	181
同規模の数棟のアパート	74
塔屋	89
独立性	84
建物の――	48
土地区画整理事業	53, 56
トランクルーム	21, 242
トレーラーハウス	21

【な】

内装工事	3
――が未施工の建物	111
――が未了	172

【に】

二世帯住宅	231
認定こども園	133

【は】

梁のみで形成されている小屋裏	155

【ひ】

ＰＦＩ事業	12

【ふ】

複数層となっている建物	92
複数棟の区分建物	35
附属建物	44, 47, 76, 79, 138, 195, 208
――の要件	41
区分建物の――	211
従属的――	79, 197
プロパン庫	21, 39
分割	195

【へ】

別躯体のマンション	82

【ほ】

法定共用部分	246
他の階層と往来が困難	172
ポリエステル帆布で構成された倉庫	27

【ま】

またがった（ている）建物　60, 63
マンション
　　別躯体の――　　82

【み】

未完成の建物　　193
未登記の車庫　　47
未内装の建物　　3

【め】

メッシュ状の倉庫　　23

【も】

モデルハウス　　8
　――の定着性　　10
物置　　19

【や】

屋根
　壁と同一建材の――　　151

【ゆ】

床面が地盤面より下にある階層　　96

【よ】

用途が二つ以上ある建物　　115
用途性　　173

【り】

立体駐車場（自走式）　31, 35
利用状況が異なる建物　　118

【ろ】

ロフト　　105

【わ】

渡り廊下　　69

図解
実務で迷う　建物表題登記のポイント
－土地家屋調査士の確認と登記官の判断－

令和6年12月4日　初版発行

共編　前　田　幸　保
　　　奥　村　　　仁

発行者　河　合　誠　一　郎

発 行 所　新日本法規出版株式会社

本　　　社 総轄本部	（460-8455）	名古屋市中区栄1－23－20
東京本社	（162-8407）	東京都新宿区市谷砂土原町2－6
支社・営業所	札幌・仙台・関東・東京・名古屋・大阪・高松 広島・福岡	
ホームページ	https://www.sn-hoki.co.jp/	

【お問い合わせ窓口】
新日本法規出版コンタクトセンター
📞 0120-089-339（通話料無料）
●受付時間／9：00〜16：30（土日・祝日を除く）

※本書の無断転載・複製は、著作権法上の例外を除き禁じられています。
※落丁・乱丁本はお取替えします。
5100336　建物表題登記
ISBN978-4-7882-9404-2
©前田幸保 他 2024 Printed in Japan